邵瑞 著

在乎每一朵花

—— 一位乡村小学校长的*100*个育人故事

江西教育出版社
JIANGXI EDUCATION PUBLISHING HOUSE

·南昌·

赣版权登字-02-2025-235

图书在版编目（CIP）数据

在乎每一朵花 ： 一位乡村小学校长的100个育人故事 /
邵瑞著. -- 南昌 ： 江西教育出版社，2025. 8. -- ISBN
978-7-5705-5014-2

Ⅰ. G62-53

中国国家版本馆 CIP 数据核字第 2025V3J951 号

在乎每一朵花——一位乡村小学校长的100个育人故事

ZAIHU MEI YI DUO HUA——YI WEI XIANGCUN XIAOXUE XIAOZHANG DE 100 GE YU REN GUSHI

邵 瑞 著

江西教育出版社出版

（南昌市学府大道 299 号 邮编：330038）

出 品 人：熊 炽	责任印制：朱贤民
策划编辑：刘军娣	美术编辑：董莹莹
责任编辑：官结影 邱 童	封面设计：殷 舍

各地新华书店经销

南昌市红星印刷有限公司印刷

720 毫米×1000 毫米　16 开本　17.5 印张　229 千字

2025 年 8 月第 1 版　2025 年 8 月第 1 次印刷

ISBN 978-7-5705-5014-2

定价：58.00 元

赣教版图书如有印装质量问题，请向我社调换　电话：0791-86710427
总编室电话：0791-86705643　　编辑部电话：0791-86705589
投稿邮箱：JXJYCBS@163.com　网址：http://www.jxeph.com

真心在乎每一朵花

何夏寿

　　教育应当如一方丰饶的沃土，为稚嫩的心灵提供成长的养分。然而，在城市化高歌猛进的当下，乡村教育，似乎在无形之中沦为了城市教育的陪衬与附庸。它既无城市教育的热闹与繁荣，也缺少城市教育所享有的优厚资源与尊贵地位。长此以往，许多身处乡村教育阵地的校长和教师将渐渐习惯亦步亦趋，消磨奋进的激情，也丢失对教育初心的坚守。

　　但每一个时代，总有特立独行的灵魂，总有逆流而上的身影。邵瑞正是如此。他是2002年从师范毕业分配到金近小学这所偏僻的乡村小学的，一待便是长长的二十二年。二十二年，岁月悠悠，邵瑞从一名青涩的新老师到一名小学校长，从默默无闻的"草根"到"绍兴名师"、绍兴市教育领域青年拔尖人才，再到浙江省名校长、浙江省中小学校"双带头人"党组织书记典型，从传统的成功观来看，他的变化不可谓不快，业绩不可谓不丰，但无论怎么变，他决然地扎根于乡村大地，默默守护着乡村教育的火种，将自己的青春韶华毫无保留地奉献给了乡村孩子，将自己的心血倾注于这片质朴而纯粹的教育净土。在他的引领下，金近小学屡屡书写教育传奇：荣获全国教育系统先进集体、全国乡村温馨校园……

大凡有思想有情怀的校长，总会在身耕的同时，不忘笔耕。因为，他们知道知行合一对提升自己教育智慧的意义，对提高自我教育品位的价值。这本主书名为《在乎每一朵花》的教育手记，体现的正是邵瑞校长对教育的理解。此书是他继《守护童年——一位小学校长的教育追求》之后倾心创作的又一力作，字里行间洋溢着他对乡村教育矢志不渝的深情眷恋，再度体现他对乡村教育的满腔热情。

《在乎每一朵花》共由100个小故事组成，分为四个章节：聆听每朵花的心声、守护那一颗颗童心、打造多彩第二课堂、培植童乐园的沃土。这些故事，有的侧重于展现学生的心灵蜕变——从懵懂迷茫到逐渐明晰方向；有的聚焦于邵瑞自己的教育思考，在平凡中发掘独特的引导方式；还有的描绘了校园里的温情瞬间，师生情谊、同学友爱如暖流涌动。100个故事，100幅教育快照，拼接出乡村教育的多彩画卷。他让我们看到教育的力量如何在细微处生根发芽，在每一个孩子的成长里绽放。

我在阅读此书时，特别关注到一个名叫"在乎每一朵花"的故事，它被邵瑞冠以了书名。

在教育的百花园中，我们当老师的常常会遇到各种各样的"花"，有的是娇花，鲜艳夺目、茁壮成长；有的是奇花，躲在角落里略显黯淡，似乎永远不会开放。

故事《在乎每一朵花》中的李浩浩，便是那朵曾被泥泞掩盖光芒的奇花。故事里写道：我们学校门口的那片农田，四季更迭，果蔬交替，见证着乡村生活的质朴与辛劳。一个雨后初晴的周六，邵瑞校长去学校加班，看到李浩浩爷爷在瓜地里忙碌着抢救那些被雨水打蔫的花。这一幕，深深地触动了他。李浩浩，这个二（1）班出了名调皮捣蛋、成绩不佳且赖学、逃学成常态的孩子，让老师们操碎了心。学校老师多次劝其上学，但李浩浩虽短暂返校，却又反复离校，如此循环。真是个"奇葩"。然而，李浩浩爷爷的话如同一束光，照亮了教育的方向——"既然花开了，就尽量让它们都结果。趁着天好，我要抢救每一朵花"。

说者无心，听者有意。李浩浩爷爷的话让本来就有教育情怀的邵瑞开始反思，对待李浩浩这样的孩子，是否也应该像李爷爷对待每一朵西瓜花一样，不抛弃、不放弃？于是，他从孩子喜爱的、也是他教的音乐课入手：用放大镜放大孩子的优点，在课堂上给予他展现自己的舞台，用赞美和鼓励去激发他的自信。从最初的羞涩、节奏混乱，到后来能够放开嗓子，唱得响亮而合节奏，李浩浩在音乐中找到了自己的价值，找到了学校生活的乐趣。为了聚集更大的育人合力，整合更多的育人资源，深谙教育之道的邵瑞校长还将自己的做法分享给其他学科的老师，号召大家共同努力，去发现李浩浩在语文朗读、数学应用题解答等方面的闪光点，并不断放大这些优点，给予李浩浩正面的反馈和引导。

学期结束时，李浩浩各方面都取得了令人欣喜的进步，成绩也实现了从红灯到绿灯的跨越。正如邵瑞校长在结尾处所写，李浩浩的成长历程让他更加坚信，每个学生都是独特的花朵，有着各自的花期和姿态。他们或许会遭遇风雨，或许会被暂时掩盖光芒，但作为教师，应怀有耐心和爱心，如同照料花朵一般，按时施肥、时时关照。因为，只有打心眼里在乎每一朵花，才能真正见证它们绽放的美丽，让每一朵花都有吐露芬芳的机会。

类似这样的故事，这样的沉思，在此书中俯拾皆是。这些故事充满了邵瑞校长对乡村儿童、乡村教育的深刻思考和创新实践。他认为，乡村教育不仅仅是传授知识，更是点燃希望、塑造灵魂。他用自己的行动诠释着"教育就是生活"的真谛，让那些原本躺在书柜里的教育信条化为一个个感人的教育故事。从这个角度来说，称此书为情感之作也不为过。

邵瑞以校长的身份，从一名德育教师的视角，用真挚的情感，记录下了与乡村孩子相处的点点滴滴。无论是和学生单独相聊时的特写，还是校园活动时的场面，或是课堂上不经意的瞬间，那些热情与冷淡、欢笑与苦涩、兴奋与失落交织的点点滴滴，那些不安、困难与挑战并存的桩桩件件，都成了他心中真真切切的财富。他在乎每一个学生的成长与进步，更在乎他们内心的感受与变化。难能可贵的是，邵瑞校长不光用情在书写，还用他的爱与温暖，以一校之长的力量，为学生们筑起了一个温馨的港湾。这本手记不仅是对乡村教育的一次深情回顾，更是对未来乡村教育的一次美好展望。

我相信每一位读到这本手记的读者都会被其中的情感所感染，被邵瑞校长力透纸背的文字所启迪。它让我们更加关注乡村教育的发展，更加珍惜每一名学生的成长。同时，它也提醒我们，作为教育工作者，应该时刻保持初心，牢记使命，用爱与责任在每一个孩子的心中书写教育的华章。

最后，我希望《在乎每一朵花》这本书能够成为更多人了解乡村教育、关注乡村儿童成长的窗口。让我们携手努力，为每一个孩子，尤其是乡村孩子创造更加美好的未来！

（作者系浙江省特级教师、正高级教师）

目录

第一章

聆听每朵花的心声

1. 在乎每一朵花

金近小学的门口是一片农田，一年四季种着各种瓜果蔬菜。

一个雨后初晴的上午，因为要处理一些事，我开车来到学校，看到李浩浩爷爷正穿着雨鞋，深一脚浅一脚地在瓜地里拨弄着被雨水打蔫了的西瓜花。

李浩浩是二（1）班的学生，以调皮捣蛋出名，因各科成绩红灯高挂令老师们头疼，逃学也是常态。班主任多次家访，我这个校长也曾去他家做过劝学工作。他很给面子，每次我们到他家一趟，他就来校坐几天，然后继续他的"告'少'回家"，我们再继续"请君出山"。因为是他家的常客，所以李浩浩的爷爷对我并不陌生。

"邵校长，今天是星期六，你也不休息啊！"李浩浩爷爷看到我下了车，大声朝着我说。

"是的，浩浩爷爷，我来学校做些事。"我好奇地问，"你弄西瓜花干吗？"

"昨天晚上不是大雨吗？好些花都被泥水给淹了，如果不来清理一下，它们都会枯萎。"李浩浩爷爷说。

虽说不种地，但我毕竟生在农村、长在农村，知道有些花并不见得越多越好。有些农人还会故意掐掉一些小花，好让大花能够获得更多的营养，结出更大的果实。我劝道："浩浩爷爷，有些花就算了呗，就像是整枝。"

"哈哈！"李浩浩爷爷大笑起来，很显然，他明白我的意思。他很认真地看着我说："其实种瓜跟你们老师教学生是一个道理。你们不也是每一个都教吗？就像我家浩浩，又调皮又不爱学习，你们也没有放弃对他的教育。我种瓜也是这样，既然花开了，就尽量让它们都结果。趁着天好，我要抢救每一朵花。"

"抢救每一朵花！"我一愣。

李浩浩爷爷弯下腰，继续抢救他的花去了。我和他打了声招呼，走进了学校。

来到办公室，我耳边一直回响着李浩浩爷爷的"抢救每一朵花"。

星期一上午，我见到李浩浩，问他所有学科中最喜欢什么，没想到他脱口而出的居然是我教的音乐。我让他唱几句，他张嘴就唱起了少先队队歌。说实话，他唱歌的音调还挺准的，但节奏感还有很大的提升空间。为了训练他，我用手打拍子，让他再唱。练了好半天，开头两句总算勉强可以了，但后面几句还是很不到位。

我对李浩浩说："你唱得很好，有进步。要不午饭后到音乐室来，邵老师和你一起再练练？"李浩浩表示愿意。

可是，午饭后，我等到的是李浩浩因为和同学打架被班主任请去办公室的消息。

那天下午第三节课，刚好是我的音乐课。李浩浩一直嬉皮笑脸地拨弄前面一个小男生的头发，我看了他一眼，大声问道："你们听说过'唱歌王子'吗？"

"听说过，唱歌很厉害的人！"

"歌星！"

....

"那你们知道我们班的'唱歌王子'是谁吗？"

孩子们你看看我，我看看你，一时都说不出来。

我看着李浩浩，大声说："是李浩浩！"

我看到所有同学的眼睛里都写着大大的问号。李浩浩自己也愣住了。

"我们请李浩浩给我们唱两句队歌，就两句，让大家感受感受。"我笑着对李浩浩说。

"老师，我不行的。"李浩浩不太自信地说。

我走到李浩浩身边，摸着他的脑袋，轻声对他说："你行的，就唱上午你练过的两句，老师给你打拍子。"

李浩浩慢慢地站了起来，我赶快抬起双手为他打起了拍子。李浩浩张开嘴，轻轻地唱了起来："我们是共产主义接班人……"我的拍子很响，李浩浩的歌声很轻。很显然，李浩浩是在努力地合着我的节奏，生怕唱不好。我笑着问大家："你们说，李浩浩唱得好不好？"

李浩浩边上的几个同学都听到了，很配合地说："好！"

"要不要让浩浩再来一遍？"

"要！"

就这样，我以"重要的事情说三遍"为由，让李浩浩接连唱了三遍。到第三遍时，李浩浩终于放开了嗓子，唱得又响亮又合节奏。全班同学给李浩浩送上了掌声。我第一次看到李浩浩脸红了。

我把李浩浩在这节音乐课上的表现告诉了其他学科的老师，让他们找一找李浩浩身上的优点。语文老师说，李浩浩写作文语句都不通顺，但他朗读还可以，音色特别好。数学老师说，李浩浩的计算题几乎题题不会，但应用题做得还可以……我跟各科老师讲了李浩浩爷爷在瓜田救花的事，和他们共勉，并同他们探讨怎么发现并放大李浩浩身上的优点，让他爱上学习。

学期结束时，我们惊喜地看到李浩浩在各方面的可喜进步。他的各科成绩都亮了绿灯，虽然和其他同学比，进步不显著，但同他自己比，可谓突飞猛进了。况且，我们这样的努力，才进行了一个学期。李浩浩才二年级，还有三年级、四年级、五年级、六年级，还有初中、高中，甚至大学……

李浩浩爷爷的话和李浩浩的故事，让我愈发相信，我们所带的一个个学生，原本就是一朵朵小花。有些花被雨打了，有些花被泥埋了；有的花开在早晨，有的花绽放在夜间；有的花开在大树枝头，有的花藏在草丛中……作为老师，照料花朵，无须心太急，只管按时施肥，时时关照，鲜花定会开放。关键是，我们要打心眼里在乎每一朵花！

2.唱歌老师

这星期我值周,下午放学的铃声一响,我便来到了校门口。

没过多久,低年级的孩子陆续背着书包,排着整齐的队伍向校门口走来。从我身边经过时,孩子们彬彬有礼地和我挥手告别。

这时,二(1)班的孩子们在班主任经老师的带领下向我走来。因为担任了该班的音乐老师,看到孩子们的那一刻,我感到格外亲切,远远地,就用目光迎接着他们。情感是相互的,孩子们见我站在门口,个个热情似火,使劲挥手,个别孩子还手舞足蹈起来。

"唱歌老师,再见!"一个胖胖的男孩扯着他的大嗓门跟我告别。经老师很尴尬,赶紧冲到男孩身边:"你怎么能这样叫呢?他是校长,你要叫邵校长。"

男孩被经老师这么一提醒,感觉自己说错了话,愣愣地站住了。我在一旁,看到了,也听到了,说实话也真没多想,只是笑眯眯地走向男孩,摸摸他的头说:"你真聪明,才上了几节课,你就记住了我是你们的音乐老师。回家吧,你妈妈在等你!"

孩子就是孩子,我这么说完,他一下就高兴了,一蹦一跳地奔向他妈妈。

目送着孩子离去,经老师红着脸,过来跟我说:"邵校长,真不好意思,我们班的孩子不懂事,不应该这么叫你。"

听了经老师的话，我心里咯噔一下，深感意外。"经老师，这有什么不好意思的？孩子叫得对，你千万别批评孩子。孩子主动跟我这个'唱歌老师'说话，说明他喜欢我的课。"我继续解释道，"说心里话，我喜欢孩子们叫我老师，叫我'唱歌老师'更好，这说明我是一个有学科专长的老师。我不希望自己给孩子们的印象是一个不会上课的校长。"

经老师听了我的话，若有所思，也频频点头。

望着经老师远去的背影，我在心里回顾这个"意外"。一声"唱歌老师"，反映的显然不是孩子对校长的不尊重，而是一种意味深长的期待。这是一个孩子在提醒校长，必须有自己的学科追求。苏霍姆林斯基曾指出，对一个有经验的校长来说，"他的注意和关心的中心就是课"。一个不深入课堂的校长，就如同一个蒙着眼睛的工程师。课堂是教学发生的场域，是师生相遇的地方，是育人的主渠道，更是孩子们获取知识、丰盈生命和老师们锤炼专业技能、收获专业尊严的主阵地，身为校长，更要起而行之，率先示范。我坚信：校长的学科专业追求会提升管理的含金量。

我喜欢孩子们叫我"唱歌老师"。

3. 预发的奖状

学校每个月都会隆重举行"我又跳过龙门啦"仪式。这个月，我负责的是三、四年级组的表彰。

中饭后，我和孩子们来到校园广场的大樟树下。今天的仪式除了颁发月度"文明小鲤鱼"奖项，还要隆重表彰校园首届"诚信小鲤鱼"。谁会获此殊荣呢？孩子们翘首以盼。

"张丽晓、薛强、金小鹏……"在大家的掌声中，荣获"诚信小鲤鱼"称号的孩子一一上台领取奖状。他们大多脸上洋溢着自豪的笑容，唯有金小鹏例外。他上台、下台都是沉默地低着头，脸上没有一丝喜悦。这令我很是不解。

晚上，我的微信里突然跳出一条好友申请，我点开一看，是金小鹏的妈妈发来的。家长找我准有事！我立马通过了小鹏妈妈的申请。寒暄过后，小鹏妈妈进入了正题，发给我一段长长的文字，大意是：小鹏被评为首届"诚信小鲤鱼"，作为家长她由衷地感到高兴，却又十分惭愧。因为上周六小鹏骗她说去同学家做作业，其实是跟几个同学在外面玩了一天。她认为小鹏的不诚信行为配不上这份荣誉，让我撤销表彰，收回奖状，给小鹏一个教训。

过了两天，我上完课回到办公室，小鹏探着脑袋在办公室门口犹豫了好一阵，小心翼翼地来到我的办公桌旁。

"邵老师，我能跟您说件事吗？"小鹏羞愧地低着头问。

"你说吧，什么事？"我装作不知情。

小鹏把事情一五一十地告诉了我。

我看着小鹏，语重心长地说："你知道你妈妈这样做，是在给你机会，让你能够直面自己的错误吗？"

我这么一说，小鹏一下子抽泣起来："老师，我真的不是存心骗妈妈的！那天是我好朋友王阳的生日，我们早就约好了给他过生日。之前我也跟妈妈说了，可她要我把心思用在学习上，不让我去。我求了她很久也没用。"

"好啦，老师知道了，你也不要太伤心，我会找时间跟你妈妈聊一聊。"我拍拍小鹏的肩膀，示意他回去安心上课。

这一天下午放学，我提前安排好了家里的事情，准备去小鹏家家访——我想这肯定比在微信上沟通更有效。小鹏家离学校不远，我和小鹏一路有说有笑，不知不觉就到了。

"小鹏妈妈，今天在家啊。我今天过来，是想和您聊一聊有关'诚信小鲤鱼'的事情。"

小鹏妈妈见到我，搓着双手，脸上的表情既激动又有点羞涩，忙说："邵老师您请坐！真的太不好意思了，小鹏虽说各方面还算优秀，但是我和他爸爸不让他去同学聚会，他居然骗我们。撒谎，这可是道德品质问题！不诚信，怎么能当诚信标兵呢？说出去不是笑话吗？小小年纪就这样，大了以后还了得！"

小鹏在一旁低着头，默默不语。

我连忙劝说道："小鹏妈妈，这件事也怪我们老师的工作做得不到位。如果我们及时了解了小鹏的想法，事前和你们进行沟通，可能就不会这样了。小鹏去给同学过生日虽说是正当的要求，但撒谎确实是不应该的。这件事我想这样处理：这次的'诚信小鲤鱼'还是给他，不过这张奖状是预发的，只有他以后坚持诚实守信，才能留下奖状；如果下次再有诸如撒谎之类的事情发生，我们就收回。您看怎么样？"

说完，我见小鹏妈妈有些支支吾吾，就对小鹏说道："小鹏，你先进屋写作业去吧！"

"孩子大了，需要有自己的生活空间，只要不沾染不良嗜好、不影响学业等，对于他们正当的要求，我们还是可以在一定程度上满足的。本来他跟你们说了实话，你们又不允许他去参加聚会，也难怪他撒谎。我看他这次说谎，是你们家长的管教方式导致的！"

小鹏妈妈听后，微微点了下头，羞愧地说："邵老师，您说得对，我们平时对他管得太严了。我们做父母的也应该好好反思一下自己。"

教育孩子是一个动态调整的过程，其真谛在于掌握孩子在不同成长阶段的特点，并加以科学引导。

4. 冲动的强强

"邵校长，您在忙吗？"六（3）班强强的爸爸又一次敲开了我办公室的门，脸上带着几分局促。

我放下手中的工作，微笑着对他说："强强爸爸，快请进！找我是有什么事吗？"

强强爸爸一边走进来，一边从袋子里掏出几包笋干菜，说道："邵校长，我家强强脾气一直不太好，还得麻烦学校老师多费心。这些都是自家晒的，给老师们尝尝。"

我摆了摆手，温和且坚定地说："强强爸爸，您的心意我们领了，东西您拿回去。关心每个孩子成长是老师的本职，我们肯定会放在心上。不过教育这事，离不开家校共同努力，两边都得使上劲才行……"经过一番劝说，强强爸爸才收回笋干菜，虽面带难色，还是礼貌地道别离开了。

强强这孩子脾气偏，着实让老师们操了不少心。平常和同学稍有矛盾，心里有一点不痛快，他就反应特别激烈。要么气得满脸通红，眼睛瞪得又大又圆，死死地盯着对方，一声不吭，让人下不来台；要么就像爆发的小火山，情绪瞬间失控，随手抓到东西就扔，扯着嗓子大喊："我要告诉我爸爸，让他来收拾你们！"那架势，男老师上去阻拦都费劲。

一天下午，下课铃刚响，六（3）班教室里就炸开了锅。

"我们的练习卷上全被打了大叉，到底是谁干的？"

"体育课期间有人回过教室，得找老师调监控看看！"

…………

同学们你一言我一语，讨论得热火朝天。

这时，小文小声地插了一句："刚才强强好像回过教室。"

这话被强强听到了，他瞬间成了一只被激怒的狮子。"呀——呀——我跟你没完！"他吼着，双眼瞪得如铜铃一般，张牙舞爪地向小文冲过去。那凶狠的模样，把小文吓得嗖的一下躲到了桌子底下，整个人蜷缩成一团，瑟瑟发抖。

幸好班主任及时赶到，把小文从桌子底下解救了出来，将她护在身后。可强强看到这场景，怒火烧得更旺了，情绪愈发失控，疯狂地叫嚷着，谁劝都没用。

我听到动静赶到教室，只见强强仿佛一头失控的小兽，一个劲地朝小文发出怒吼。我和数学组的王老师费了好大劲，才把他拉到教室外。

"强强，先冷静冷静，有话好好说。"我耐心地劝着。可他根本听不进去，一门心思地想挣脱我们，冲进教室找小文算账，嘴里还不停地喊："我要告诉我爸爸！"学生处和年级组的老师都来了，大家轮番上阵，软硬兼施，可强强早已被怒气冲昏了头脑，什么都听不进去。

一个不留神，强强冲下了楼梯。我担心强行追赶会刺激他做出更极端的事，便示意老师们先别追，让他缓一缓。看着他跑进学校的蓝莺园小树林，我赶紧让两个老师跟过去。于是，一场在小树林里的"沟通持久战"开始了，整整一个小时，强强边跑边喊，老师们在后面边追边劝。

"老师答应你，马上叫你爸爸来学校。"听到这话，强强的情绪才稍微稳定了一些。

半小时后，强强爸爸火急火燎地赶到了。他一看到儿子委屈哭诉的样子，立马开启"护儿模式"："儿子，别怕，有爸爸在！"还没等班主任说明情况，他就提高嗓门，气势汹汹地要去教室，让小文当面道歉。

我实在看不下去，严肃地说道："强强爸爸，学校是教书育人、讲道理的地方，您可不能这样。"

强强爸爸却满不在乎，大声问我："那我该怎样？"气氛一下子变得紧张起来。

就在这时，强强似乎意识到了什么，小声说："爸爸，我有点消气了。"班主任趁机凑到强强爸爸耳边，轻声告诉他：我们看了走廊的监控，强强确实在体育课期间回了教室。父子俩这才安静下来。眼看天色已晚，我便示意老师们今天先到此为止，等明天把事情完全调查清楚了，再给大家一个明确的答复。

暮色中，望着父子俩离去的背影，我心里感慨万千：父母是孩子的第一任老师，也是孩子成长路上重要的引路人。孩子平日里除了在学校和老师、同学相处，大部分时间都和父母在一起，父母的言行举止在潜移默化间塑造着孩子的性格，对孩子影响深远。

第二天，我把强强、小文和他们各自的家长都请到了办公室。我先让两个孩子平复情绪，把事情的来龙去脉详细地讲了一遍。原来，强强回教室只是为了拿水杯，根本没碰过同学们的练习卷。

了解情况后，我看向两位家长，语重心长地说："孩子之间闹矛盾很正常，关键是咱们得引导他们正确处理。咱们做家长和老师的，得给孩子树立好榜样，遇到事千万不能冲动。"接着，我又看向强强和小文，温和地说："你俩是同学，要相互理解。要是有了误会，应该心平气和地说清楚，可不能动手，也不能恶语相向。"

随后，我单独和强强爸爸聊了聊："对待孩子，不能一味地袒护。得让他明白，不管什么时候，都要冷静，用正确的方式解决问题。您昨天的做法会让强强觉得，只要发脾气、靠家长撑腰，就能解决所有问题，这对他的成长可没好处。"强强爸爸听了，露出了愧疚的神情，有些不好意思地低下了头。

为了让更多同学从这件事中吸取教训，学校组织了一场以"如何正确处理矛盾"为主题的班级讨论会，我特意去参加了六（3）班的讨论会。讨论会上，我引导同学们分享自己和同学闹矛盾的经历和感受，共同探讨解决办法。在热烈的讨论中，强强主动站起身，真诚地向小文道歉："小文，对不起，我不该那么冲动，是我不对。"小文也对强强说："我不应该随意怀疑你，对不起。"

经历了这件事，我更加深刻地认识到，作为校长，不能只关注学生的学习成绩，更要重视他们品德的培养和行为习惯的养成。学校和家庭，就像车的两个轮子、鸟的一对翅膀，只有紧密配合，秉持正确的教育理念，采用合适的教育方式，才能真正为孩子的健康成长保驾护航，助力他们在人生道路上稳步前行。

5. 一支超值的竖笛

新学期的第一节音乐课，我满怀期待地走进二（1）班的教室。孩子们第一次见到新学期里的新老师，难免是又好奇又惊讶。

"这位老师是谁呀？"

"哇，他是校长哟！"个别活跃的孩子在底下窃窃私语起来。

接着，我和孩子们玩起了"你叫什么名字"的音乐互动游戏，唱一唱，消除彼此的距离感；拍一拍，增进相互的亲切感；念一念，提升名字的熟悉度。一轮游戏下来，孩子们都认识了我。我从他们的表情中察觉，自己已经慢慢被接受了。

这时，我发现第二排有个小男孩一直趴在桌子上，于是故意来到他座位旁，试图与他互动："你叫什么名字？叫什么？"

我一脸热情。但令我意想不到的是，小男孩竟一动不动，根本不理人。我提醒自己：做一名亲切、受人喜欢的音乐老师，要从第一节课开始。

于是，我保持热情，又唱了一遍："你叫什么名字？叫什么？"见他没反应，我问他，是不是身体不舒服，需不需要请家长来接他。

谁知，我越追问，小男孩把头埋得越深。其他孩子察觉到我要生气了，立马乖乖安静了下来，有几个孩子一脸紧张，抿着嘴，冲我直摆手，好像要告诉我些什么。这时，我见小男孩像是在哭，便把他的头托了起来。他脸颊上挂着泪珠，一把扔掉了桌上的音乐书，猛地一脚踢歪了桌子。

看来今天是遇到对手了，太不给我面子了。这孩子是怎么了？我心里纳闷。

"这位同学，你这是什么态度？快把音乐书捡回来。"我说话的语气显然加重了。可小男孩还是一动不动，根本不看我一眼，幸好一个机灵的小女孩跑过来捡起了音乐书，才化解了我的尴尬。

为了不影响其他孩子，我没有继续与男孩僵持，而是上完了新学期的第一节课。

课后，我找到了该班的班主任和任课老师深入了解情况。小男孩名叫建飞，是一个性格散漫、脾气倔强、不爱学习的孩子，平时在班级中很少说话，这给班主任的管理工作增加了不小的难度。他不仅基础弱，而且什么课都不肯听、不愿学，上课时无精打采，要么搞小动作，要么整节课趴在桌上，好像对任何事都没有丝毫的兴趣；作业没完成老师批评两句，他从不理会，也不说一个字；课间活动时，他也不跟班里的同学一起玩。这下，我明白当我狠狠批评他时，班上孩子为什么会抿着嘴直摆手了。交谈中，班主任那无可奈何的表情触动了我，让我萌生了再试一试的念头。

下一节音乐课，我发现建飞同学没有再趴在桌子上，而是抬着头的，心中宽慰了许多。

"同学们，让我们比一比，谁的坐姿最端正？"

我的话音未落，孩子们立马挺直身子，摆正双手。我发现建飞同学也微微动了动身子，于是走到他身旁，把右手搭在了他肩上，用高八度的声音说道："我看建飞同学今天进步最大，坐姿最端正！让我们为他送上掌声。"孩子们跟着我鼓掌，掌声持续得有点长，我发现建飞同学的腰又挺了挺，这让我更加有了信心。

发声练习、节奏游戏、歌曲哼唱……我和孩子们一起徜徉在音乐的天地里，但我的目光时常停留在建飞身上，我欣喜地发现他愿意捧起音乐书了，也愿意抬头看看我了，我也特意跟他对视了几眼。

课堂的最后五分钟，是我们约定的练习竖笛的时间，我在黑板上写下一个乐句后，孩子们自觉地拿出自己的竖笛练习了起来。我巡视着四周，不少孩子举手示意，让我听听声音，指导指法……

这时，我发现建飞又耷拉着脑袋。我悄悄走近他，轻声问："建飞，你为什么不练竖笛呢？"

他不理睬我。

"是不是没带竖笛？"

他还是不理我。

我没有像上次那样生气，而是继续耐心尝试与他沟通："邵老师有支新竖笛，你要不要？"

意想不到的是，他居然点了点头。我一阵高兴，连忙走上讲台取来新竖笛，悄悄地放到了他的桌洞里，然后装作什么也没发生，去指导其他孩子。我默默关注着建飞，他正小嘴含着笛嘴，呼呼吹气，很显然，他不会指法。我再次来到他身旁，拉着他的几根手指，一个音一个音教他怎么按。

下课铃响了，我悄悄在他耳边说："建飞，你有不会的音，随时来找邵老师。"说完，我摸了摸他的头，离开了教室。

之后的音乐课上，我惊喜地发现建飞会注视着我讲话，也会和伙伴们一起捧起音乐课本哼唱歌曲。学期末的竖笛闯关比拼中，他甚至学会了所有音阶的吹奏。顿时，我觉得之前送他的那支竖笛，太值了。

一支竖笛，吹奏出了温暖的旋律，打开了孩子紧闭的心门，唤醒了孩子沉睡的心灵。面对后进生，我们更应该以宽容之心对待，给他们更多的关爱，真诚地关注他们的成长，发现他们的闪光点，实事求是地表扬、鼓励、欣赏他们。我想，这不仅是一种教育方法，更是一门教育艺术。

6. 代课的是我

我虽然是教音乐的，但也给不少语文教师代过课。

记得有一年，三（1）班的宋老师休产假，需要一名代课老师。说起宋老师，她可是学校的实力派语文老师，深受家长们的信赖。这个班级的语文课，自然也深受学校领导重视，校领导深思熟虑之后，找我谈话。

当时的我，还只是一名普通的音乐老师。分管教学的李校长找到我，先是表扬了我一番，这让我感到意外与不安，直到他说出校领导决定让我接任三（1）班的语文老师时，我才恍然大悟。李校长做思想工作颇有经验，见我一脸犹豫，又对我进行了一番鼓励，并反复强调此次代课的重要性与必要性。就这样，我接受了这一"代理"任务。

接手三（1）班的语文教学后，我有些诚惶诚恐。虽说我是个普师毕业生，但毕竟从事音乐教学多年，对语文教学有些生疏。可我又不想在同事面前丢脸，所以每次备课，我总要学习借鉴一些好的教案，反复琢磨每一个教学环节。每一堂课，我都满怀激情，采用灵活多变的教学方法，使自己的语文课堂生动有趣；每一份作业，我都认真批改，仔细分析每个孩子的薄弱环节，及时查漏补缺。

几个星期下来，我欣喜地发现，三（1）班的孩子们确实非常优秀，个个学习态度端正，课前积极预习，上课认真，思维活跃，发言积极，

第一章 聆听每朵花的心声

课后自觉复习，这样的学习习惯着实让人感觉踏实。

特别值得一提的是班长欣怡，她的钢笔字写得非常好，工整、遒劲，令人赏心悦目；她的单元作文，思路清晰，富有想象力和感染力，篇篇可作范文；每次单元练习她都做得跟标准答案似的。可能是缺少一些挫折体验，我发现欣怡有些"傲娇"，不爱搭理人。我想帮助她改改这个小毛病。于是，我时常给她讲一些谦虚人物的故事，降低了展示她的作业、选她的作文作为范文的频率，并在作业批改中，以高标准、严要求进行评价，说实在的，称得上"鸡蛋里挑骨头"。

很快，代课的一学期接近尾声，学校如期举行了期末测试。因为考前我和孩子们一起对学科知识点进行了认真梳理，对难点、重点进行了强化练习，孩子们表现得信心满满。毫无悬念，我们班语文成绩得 A 级的学生超过 80%，欣怡自然也名列其中。知晓全班孩子成绩的那一刻，我内心无比激动，觉得没有辜负校领导的信任，对得起宋老师，也对得起自己的坚持不懈，总算可以歇上一口气了。

快乐的暑期来临。有一天，我在去超市的路上偶遇了学校的何校长，于是停留在十字路口与他闲聊。

"何校长，您好！这么巧，在这儿遇到您。"一个声音打断了我们的聊天。

我转身一看，这不是我们班的"角儿"——欣怡吗！那跟何校长打招呼的，应该就是她的妈妈吧。欣怡还是不爱搭理人，没有主动叫我，她妈妈看起来也不知道我就是代课的语文老师。

"何校长，今天刚好碰到您，我想问一下，宋老师下学期该回来了吧？这学期欣怡他们班的代课语文老师，听说原本不是教语文的。欣怡期末测试虽然得了 A 级，但班上有一大批 A 级，真让我愁死了！"

我吃惊得久久说不出话来，只听见何校长耐心地跟欣怡妈妈解释着。我将目光转移到欣怡身上，她似乎看穿了我的心思，不停地扯着她妈妈的衣角，欲言又止。

　　"欣怡妈妈，您好！我是欣怡他们班的代课语文老师。欣怡的成绩还是非常稳定的……"我实在熬不住了，就自报家门说明情况。这时，欣怡也叫了我一声"邵老师"。欣怡妈妈顿时话锋一转，感谢起了我这个代课老师的认真与负责。就这样，我们在尴尬中结束了对话。

　　回家的路上，我一直在想，学校基于全面育人观的考量，通过学科等级的划分，给予学生们最大的鼓励与包容，引导家长们树立正确的育儿观、质量观。殊不知部分家长追求拔尖，永不满足，这与学校所实行的学业评价方式发生了冲突。如果这种冲突持续发酵，会导致学生在其中承受巨大的压力：一方面要适应学校基于等级划分的学业评价体系，另一方面又要努力迎合家长的高期望。这很可能导致他们陷入迷茫与焦虑之中，难以找到真正适合自己的学习节奏和发展方向。此时，家长与学校之间的沟通就变得尤为重要，唯有坦诚交流，深入理解彼此的出发点和目标，才有可能找到化解矛盾的有效途径，共同为孩子营造一个更加健康、合理且有利于其成长的教育环境，才能让鼓励与包容不再只是口号，而是真正落实到每一个孩子的教育过程中。

7. 举手

一个新学期，我接到了五年级的音乐教学任务，那是我第一次任教高年段。为了上好五年级第一节音乐课，我精心备课。

在五（1）班时，我首先根据孩子们熟悉的旋律，改编了一首歌曲《新学期好》，由于歌词朗朗上口、节奏明快，没学一会儿，孩子们就能跟着伴奏演唱。

于是我说："歌曲大家都学会了，我们来相互祝福吧！谁愿意单独……"在我的想象中，孩子们一定会争先恐后地祝福老师、祝福同桌，整个互动环节肯定会非常温馨。然而，现实与理想有差距，我话还没说完，孩子们就齐刷刷地低下了头，教室里顿时鸦雀无声。

孩子们这样的反应是我始料未及的，这让我十分尴尬。我环顾四周，竟没有发现一只缓缓举起的"希望之手"。无奈之下，我只好说："如果没有人举手，我就要点名了。"

这下可好，有的孩子干脆用书本挡住脑袋，躲开我的视线，生怕被我叫到。

我试图打破僵局，继续说："那还不会唱的，请举手。"但这也不过是抱着蜡烛取暖——无济于事，依旧没有一人举手。让他们举手居然这么难，我有点恼火，便开始点名："王笑笑，你来唱。"只见王笑笑脸上没一丝笑容，咬着嘴唇，慢吞吞地站了起来，音乐响了，可歌声呢？

听着蚊子叫一般微弱的声音，我简直懊恼到了极点。

音乐结束，她红着脸坐下了。

"张彤，你来！"

就这样，整节课都处于压抑的气氛中。

下课时，我的心情差到了极点，想着下一节课该怎样调整，心中也在不断反思：为什么低年级的课堂，往往小手如林，气氛活跃；而高年级的课堂，冷冷清清，举手的孩子寥寥无几？

铃声响了，我立马调整自己的状态，在五（2）班开始了同样的教学内容。

当学生们已能跟着伴奏唱准《新学期好》时，我特意充满激情地说："同学们，让我们一起有感情地演唱歌曲，一起来祝贺我们的新学期吧！"

随着音乐的响起，学生们都非常认真地跟着伴奏演唱起来，把迎接新学期的喜悦、期待等美好情绪表现得非常到位。我非常满意地说："唱得真好！"

"谁愿意单独表演一下？"我鼓起勇气，向孩子们发出邀请，但内心着实忐忑，会不会又没有孩子举手？会不会又像上节课那样无人理睬？我突然感到一阵紧张。正在这时，我想到了小组代表举手、四人小组一起唱的形式，便补上了一句："以小组形式唱也可以哦，准备好了的小组可以举手示意，老师想听一听你们的新学期祝福。"演唱形式一改变，果真出现了几个积极响应的小组，他们在掌声当中一一展示，我抓住机会，让其他小组来点评演唱。这样一来，学生们举手的次数就多了，课堂的气氛也一点点热烈起来。

在轻松、愉快的氛围下，孩子们很快又学会了一首新歌。到了单独展示环节，孩子们还是有点腼腆，这时，我看到移动音响旁边挂着一个无线话筒，于是灵机一动，拿起话筒唱道："想唱就唱，要唱得响亮，就算没有人为我鼓掌，至少我还能够勇敢地自我欣赏……"没想到我这一随性之举，竟把不少孩子激"活"了，他们也纷纷跟着唱了起来，看来我这一唱是唱到他们心坎上了。

"刚杰，你是咱们班的主持'一哥'，你模仿着电视节目中的主持人来主持一下。"我边说边把话筒递给了他。

"各位观众，各位来宾，现在您来到的是'超级明星演唱会'的现场，谁将是第一位出场的超级大明星？让我们拭目以待……"顿时，学生们争着举手："我来，我先来，我是超级大明星。"班级主持"一哥"说上就上，主持水平让我惊叹，孩子们似乎也入戏了，争先恐后地举手……

举手是学校日常教学中一个极小的细节，但不能因为它细小就不重视。通过丰富课堂内容，灵活设定回答问题的方式，可以轻松化解孩子们的畏难情绪，让举手成为"举手之劳"。让我们和孩子们一起把问题的答案想出来，把手举起来，探索出一条开放互动的教学之路吧。

8. 锦鲤保护记

在学校的一角，有一个宁静而美好的小池塘，名叫鱼龙池。我常常在课余时间到这个地方享受片刻的宁静，看着池里一群色彩斑斓的锦鲤自在游弋，它们灵动的身姿总是能让我忘却一天的疲惫。这些锦鲤特别可爱，自然也吸引了孩子们的目光。

教科学的李老师，是我十分敬重的一位老师。他为了让孩子们爱上科学课，培养他们的观察能力，独具匠心地把鱼龙池当作了第二间科学教室。我时常看到他在鱼龙池给锦鲤喂食，认真地测水质，不嫌麻烦地清理池塘。他常对孩子们说："保护这些锦鲤，既是出于爱心，也是出于责任。"

然而，有些孩子并不像李老师那样爱护锦鲤。我曾多次看到，有的孩子用树枝、竹棒戳锦鲤，甚至还有人趴在池边伸手抓锦鲤。李老师非常担心，不仅担心这些孩子的行为会对锦鲤造成伤害，影响池塘的生态，更担心孩子们这样会发生危险。于是，李老师决定跟孩子们讲一些关于锦鲤的知识，希望能够唤起他们的爱心。

一天，我像往常一样来到鱼龙池边，看到李老师把一些经常在这里捣乱的孩子叫过来，让他们坐在池塘边的石头上，然后以"锦鲤的一生"为主题，给他们分享了许多知识。我站在不远处静静地听着。李老师告诉孩子们，锦鲤的一生有很多美丽的时刻。它们有缤纷的色彩，有轻盈的姿态，还能跃出水面跟人打招呼。要保持这份美丽，需要有适合它们生存的环境。清洁的水质对它们尤为重要，如果水质不好，锦鲤会生病，甚至死亡。

"希望同学们能够珍惜锦鲤，让它们继续在这里快乐地生活。"李老师语重心长地说道。一旁的孩子们也会意地点了点头，并约好明天继续听李老师讲锦鲤。

第二天中餐后，我又来到鱼龙池，看到孩子们早早地等在了池塘边，一边欣赏池塘里的锦鲤，一边翘首期盼李老师的到来。

"李老师来了！"孩子们的目光齐刷刷地转向李老师。

"同学们，这么早！"李老师笑眯眯地回应孩子们。

"我们在等您！"孩子们异口同声地说。

这一次，李老师跟孩子们分享了一些与锦鲤的繁殖相关的知识，告诉他们锦鲤繁殖需要的条件。

"如果池塘里的水质、温度等条件达不到要求，锦鲤就无法繁殖。"一个男孩举手说。

"当成熟的雌鱼感觉舒适时，便会产下很多卵，雄鱼随后排出精子覆盖卵粒，受精卵在适宜的水温下自然孵化。小锦鲤就诞生啦！"

"同学们说得很棒！这些锦鲤看似微不足道，但它们是池塘里最珍贵的资源。"听着李老师的讲述，孩子们想到过往的种种，瞬间羞愧地低下了头。

第三天，课堂继续，我依旧在一旁聆听。这次，李老师给大家介绍锦鲤的朋友们。他告诉孩子们，锦鲤并不孤单，它们与其他生物有着和谐的共生关系。说完就带着孩子们俯下身观察。

"同学们，你们看这些水草和沙砾，它们有什么作用呢？"李老师

在乎每一朵花

发问。

"水草可以为锦鲤提供食物和氧气，沙砾可以净化水质。"

"锦鲤也会吃掉栖息在水草和沙砾中的寄生虫和藻类，帮助维护整个池塘的生态平衡。"

孩子们抢着举手回答。听完李老师的讲述，孩子们纷纷表示，他们会珍惜锦鲤，爱护生态环境，不再去池塘捣乱。他们还向李老师保证，会成为锦鲤的守护者，让它们在校园里健康快乐地成长。

看着这一幕，我内心深受触动。李老师用他的耐心和爱心，教会了孩子们知识，更唤醒了他们内心深处对生命的尊重和对生态环境的保护意识。我也深刻地意识到，教育不仅仅是在课堂上传授知识，更是在生活中引导孩子们去感受、理解、关爱身边的一切生命。这份对生命的敬畏和对教育的执着，值得我们每一个人学习。

9. 一团废纸

一天早晨，我在校园里巡查。当我来到金近广场时，地面上的一团废纸赫然映入眼帘，远远看去酷似一个小雪球。正是上学的高峰时段，孩子们背着书包，迈着轻快的步伐，那个纸团在他们脚下像个小足球似的，一会儿滚到这里，一会儿滚到那里。

我走近纸团，正想弯腰去捡，一个念头闪现在脑海中：我何不做一次测试，看看有没有人能主动把它捡起来？

"邵老师，您在看什么呀？"大队长邵欣看见我，远远地和我打招呼。

邵欣很善于观察，顺着我的目光，马上发现了地上的那团废纸。她正要弯腰，我制止了她："邵欣，我们来做一次测试，看看会不会有人主动捡起它！"

于是，我和邵欣走到了童话馆的台阶上，我打开手机录制视频，想捕捉到孩子捡起纸团的镜头。但一拨又一拨的孩子从纸团边走过，他们要么没看见，要么视而不见。说实话，我不愿相信，学校这么多孩子没有一个会主动捡起这团废纸！

又有两个同学手牵着手，有说有笑地走了过来，但他们也从那团废纸上从容地跨了过去。就这样，我一次次地把希望寄托在下一个孩子身上，可又一次次失望，眼睁睁地看着孩子们从纸团上大步跨过。我的心越揪越紧，恨不得冲上去，当面教育那些视而不见的孩子。

就在我绝望之际，我看到一个瘦小的女孩从纸团上迈了过去，可她好像又发现了什么，回过身来。是的，她发现了地上的那团纸，很自然地一弯腰，把它捡了起来。邵欣兴奋地冲下台阶，拉着小女孩的手，大声对我喊："邵老师，她叫王乐乐！"

我为终于有同学主动捡起废纸而激动不已。

事后，我将这段随手拍的视频挂到了学校的电子屏上，一场"我拿什么爱学校"的大讨论在各班全面展开。从各班汇总的讨论结果来看，这团废纸给大家带来的感触颇多，孩子们有的检讨，有的羞愧，有的反思……一个孩子写道："我们天天说要热爱学校，可就是没想过，爱学校可以是为学校拔一次草、扫一次地、捡一次垃圾……"

校园生活中的许多突发事件，孩子们身上存在的一些现实问题，正是我们有针对性地开展教育的切入口。我们要及时捕捉教育的契机，灵活施教，在教育方式的设计上要既精心又不刻意，让孩子自然而然地形成一种品德、一种规范。

教育无痕，是一份追求，更是一种境界。

10. 一双袜子

这天早晨，突然下雪了，不一会儿，整个校园宛如穿上了一条白裙子，那么纯洁！

一到校，我就赶紧前往教学楼巡视，看看雪天孩子们的上学情况。孩子们陆陆续续地来了，教室里早已书声琅琅，见此情形，我自然满意，继续巡视。可刚走到教学楼的三楼，我就察觉到六（1）班教室里有异样的动静。嗵嗵嗵的声响急促地传来，这声响破坏了我刚刚的那份满心欢喜。我循声而去，发现响声是从六（1）班有名的"捣蛋王"——余栋的位置那边传来的。

"哼，准是他！"我瞪着眼急匆匆地走了过去，跺脚声也越来越近，不出所料，果真是余栋这孩子在不停地跺脚。难怪边上的几个女生一直捂着耳朵，楼下班级的孩子们多遭罪啊，我越想越来气。

说起这个孩子，我其实早有耳闻，从低年级开始，就陆续有科任老师向我反映：这是一个有"多动症"的孩子。只要是他不感兴趣的课，他就把书打开竖起来挡着自己，然后自顾自地捣鼓，不是把好好的一块橡皮切成许多小块，就是把好好的一支笔的笔头拔下来，弄得满脸满嘴都是墨……老师们可没少花心思在他身上，软硬兼施，能想到的办法全用上了，可他就是"铁树不开花"！

也许是"新仇"遇上了"旧恨"，我气不打一处来，冲他厉声喊道："谁叫你跺脚的？"

"我脚冷……"见我发火，余栋怯怯地低声回应。

"这下雪天，就你脚冷，别人不冷吗？"我的声音似乎更大了。

他低着头不敢说话，正当我要劈头盖脸地展开批评时，坐在他旁边的一个大个子男生轻轻地说了一句："他没穿袜子……"

"冬天不穿袜子，显怪（上虞方言，故意显摆的意思）！"我愤愤然，恨铁不成钢。

大个子男生似乎还有话要说，但见我正在气头上，只好缩着头把话咽了回去。而此时的我还有点幸灾乐祸，心想：谁叫你总爱捣乱，冻一冻，受受罪也好。

等我说完，余栋胆怯地瞟了我一下，我见他脸上少了以往的傲气，却流露出悲苦和委屈，眼睛也是红红的，不由得又看了他一下，一个六年级的孩子，站起来个头都快有我高了，此时却低着头缩着身子，还时不时吸溜一下鼻子。这孩子都冻得快感冒了，刚才还铁石心肠的我顿时心生怜悯：这么冷的天，不穿袜子怎么行？

"为什么不穿袜子？"我语气柔和了许多。

"袜子湿了，脱掉了。"他声音低低地说着。

"怎么弄湿的？"

"楼梯和阳台上都有积雪，我刚才去除雪，雪掉进鞋子里，融化后，鞋子就跟进水了一样。"好不容易说完，他猛地吸了一下鼻子。看着眼前的孩子，听着他的解释，我为自己刚才的武断而惭愧，也想起自己小时候曾无数次体验过挨冻的滋味。那时上小学的村路是一条泥路，遇到下雨或下雪天经常浸湿鞋子，穿着一条单裤在雨雪中往返学校冷极了。儿时的情景清晰地浮现在眼前，令我不由得鼻子发酸。

我没有再说什么，从后门走出教室，一口气跑到办公室，把整排抽屉翻了个底朝天，终于找出了之前为值班而准备的新袜子，然后又一口气跑回教室，生怕余栋这孩子被多冻一会儿。教室里的孩子们都还在读着课文，没有什么异常。我把余栋叫出了教室。

"我找到一双袜子，新的，你赶快穿上！"他迟疑了一下，疑惑地看了看我，然后接过袜子穿了起来。我看见他的双脚已冻得发红，想起刚才对他的批评，我不由得自责起来。

"会不会大？"我急着问。

"老师，不大，我在家就经常穿我爸爸的袜子。"孩子脸上的表情似乎灿烂了许多。

"这双袜子就送给你啦。"

"谢谢老师！"余栋的声音里充满了感激。

看着孩子穿上袜子回到座位读书的背影，我心里猛地掠过一阵莫名的幸福，心也变得柔软而平和。

接下来的日子里，余栋身上发生了许多令人惊喜的变化：他对老师有礼貌了，上课不再"多动"了，作业也能按时完成了……教数学的顾老师常常跟我说，余栋就像变了一个人似的。

一个曾经让各科老师"抓狂"的孩子，正在慢慢地改变。我知道这一切肯定不在于一双袜子，而在于为师者内心深处的善良和真诚，让孩子读懂了真心！

11. 小鲤鱼奖章本之谜

预备铃响了，我来到音乐教室门口，班里的开心果张笑笑却哭着走到我面前，一脸委屈地说："邵老师，我的小鲤鱼奖章本找不到了，我明明把它夹在了音乐书里，等下上课我还要用呢！"

"笑笑，你别着急，书包、抽屉里你都找过了吗？"我连忙问。

"哪能不着急，我都找过了，没有。"她急得直跺脚，接着又吞吞吐吐地说，"我怀疑……是……沈杰拿的。我看见他的奖章本写名字的地方涂改过，而且里面贴的小鲤鱼奖章好像也变多了。"

这时候，几个路过的孩子开始"八卦"起来。

"去年，他还偷了祝晓星五十元钱，这次准是他！"

"我想一定是他干的，老毛病又犯了。"

"在没有确凿的证据之前，我们不可以随意猜疑他人。"听到孩子们的议论，我一脸严肃地说。

"笑笑，你回去再仔细找找，如果还找不到，老师再帮你找。"我和张笑笑商量。

等张笑笑回教室后，我悄悄找到班长，让他观察一下同学们的反应，同时留意有没有其他异常情况。课间，班长来办公室告诉我，沈杰一直低头看书，可书都拿反了，还时不时东张西望，神色慌张。这让我心里对沈杰的怀疑更重了，但没有证据，我还是按捺住了。

在乎每一朵花

之后，我又找了和沈杰关系较好的几个同学侧面询问，有同学说前几天看到沈杰对着自己的奖章本唉声叹气，还嘟囔着自己的奖章怎么这么少。

午休时，我以检查卫生为由来到教室，趁没人注意，快速查看了沈杰的抽屉，在最里面发现了一个奖章本，本子一角的磨损和张笑笑描述的一样。翻开一看，写名字的地方有明显的涂改痕迹，里面的奖章数量和张笑笑之前说的也相符。这下，基本确定是沈杰拿了张笑笑的奖章本。但我没有立刻声张，而是思考该怎么引导他。

沈杰是新居民子女，父母离异后，一直和上夜班的爸爸生活，从小缺少关爱，才养成了现在的性格。新学期刚开始，班主任就嘱咐我多留意他，他脾气倔，还有乱拿别人东西的坏习惯。平日里，我和班主任多次借上课或活动的契机找他谈心，班上很久没发生丢东西的事了，这次肯定事出有因。

第二天上课，我带着一沓精美的小本子走进音乐教室。孩子们看见我手中崭新的奖章本，不由自主地探头张望。

"同学们，上一个月我们尝试启动课堂学习争章竞赛，很多同学通过自己的努力获得了多枚小鲤鱼奖章，老师为你们点赞。从本月起，小鲤鱼奖章争章竞赛正式开始，我们用新奖章本，比一比谁得的小鲤鱼奖章多。有一点很重要，争奖章一定要靠自己的努力，凭借自己的本事。"

话音刚落，孩子们立马就来劲了，齐刷刷地挺直了小背，一向我行我素的沈杰，也一下子变得精神抖擞了。练习竖笛时，他主动举手请我一对一指导，我自然很乐意，坐在他身旁，手把手地教他指法。他练得很用心，几个音阶一下子就学会了。之后，我让沈杰进行展示，孩子们看到他的进步纷纷鼓掌。此时的我，看在眼里乐在心里，猛地朝沈杰扬了一下眉。他看着我，眼睛睁得大大的，嘴抿得很紧。我从他那严肃认真的表情里看到了希望。

放学时，张笑笑跑来告诉我，她之前的奖章本在抽屉里找到了，只是名字被涂掉了。听到这个消息我激动万分，沈杰没有辜负我的一番苦心。

每个学生都是具有思想感情的个体，具有自身独立的人格，有自己的需要、愿望和尊严。自尊是自爱、自立的前提，也为教育提供了基础和契机。奖章本的回归，充分说明了这一点。

12. 不一样的妈妈

　　这天早晨，刚进村口，一阵阵清香扑鼻而来，放眼望去，满眼都是金色的麦穗。哦，快五月了，麦子成熟了。

　　"小蝴蝶在跳舞，小布谷在唱歌，跳龙门的小鲤鱼来带路……"耳边传来学校的进校铃声。孩子们陆陆续续地赶来上学：有的结伴步行；有的开心地依偎着父母，坐在电瓶车后座；还有的坐在爷爷奶奶的小三轮里，一摇一摇地有说有笑。上班的路上，每天都能看到相同的场景，这让我倍感温暖和亲切。

　　"妈妈，我吃完了！"小女孩甜甜的声音让我回过神来。只见小女孩坐在她妈妈的电瓶车上，手里还拎着一个袋子，估计是刚吃完今日的"车座早餐"。

　　"油腻腻的，袋子扔了！"远远地，我就听到了女孩妈妈的声音。

　　小女孩还是拎着，身子不时地扭动着，似乎在表示反抗。女孩妈妈突然停下电瓶车，嘴里不知在嘀咕些什么，猛地转身夺过小女孩手中的袋子，随手一扔，扬长而去。

　　啪嗒一声，袋子被摔在路边，碰巧一辆小汽车驶过，车轮从袋子上碾过，白色的泡沫瞬间飞了起来。我上前一看，原来袋子里装着一个可降解饭盒，饭盒里橘色的酱汁溅得到处都是，看了叫人作呕。瞬间，我的心情变得沉重。这件事引起了我的注意，我开始留意起马路旁的灌木从来。不看不知道，一看吓一跳，灌木丛里有很多纸巾、饮料瓶，路边小角落里也有不少食品包装袋、吸管等。这些应该都是学校学生制造的垃圾。

我继续向前走，走到学校西面围墙的转弯处，一对母子的身影映入眼帘。他们身旁停着一辆绿色电瓶车，小男孩蹲在地上，手里忙着捡什么东西，妈妈则在一旁俯身注视着。我走近他们，男孩没穿校服，乖乖地蹲在地上，将地上的饼干渣一粒一粒地捡起来。

"这位家长，孩子怎么了？"

男孩的妈妈转过身，一看是我，面有难色地说："邵老师，你好！不好意思，孩子坐在车后面吃东西，不小心把饼干掉地上，碎掉了。"

"小孩掉东西也正常，饼干不好捡，等下值日生会来扫的。"我劝慰道。

"老师，那不行，我儿子让我停车，我也要求他自己的事自己做！"男孩的妈妈说得很坚定。

自己污染自己治理，我在心里为她点赞。

"妈妈，太碎了，不好捡！"男孩一手握着饼干渣，一手抹着头上的汗。男孩显然是一年级刚入学的新生，我站在身边，他似乎也不知道我是学校老师，所以没开口叫我。

男孩的妈妈很从容，从孩子的书包里拿出湿纸巾，展开，轻轻地铺在饼干碎屑上，将它们拨到一处，裹起来。看妈妈弄得有点费力，男孩说："下回我不在车上吃东西了。"

"吃是可以的，"男孩的妈妈笑着对他说，"尽量不要掉地上。不过掉了也没关系，像妈妈刚才那样清理干净就行。"

男孩点了点头，又坐回了妈妈的电瓶车。

两个妈妈，两个孩子。

"勿以善小而不为，勿以恶小而为之。"我们一直倡导教育孩子要言传身教，父母才是孩子最好的老师。父母的一言一行，都是在给孩子示范。请不要错过生活中的每一个细节，主动做榜样，主动做教育。

13. 两种迟到

"太阳光金亮亮，雄鸡唱三唱……"学校自制的预备铃《劳动最光荣》响起，孩子们像一群勤劳的小蜜蜂飞进了教室。我夹着准备好的教学用具，哼着铃声的旋律走向音乐教室，心想：孩子们肯定个个坐得端端正正，用亮闪闪的眼神迎接我的到来。

往常，预备铃响过，校园便会迅速安静下来。可今天，我刚走向楼梯，耳边就传来一阵喧闹声，而且就是从音乐教室那儿传来的。

这帮淘气包，竟把我苦口婆心的"强调"忘得一干二净！我三步并作两步，气冲冲地冲向音乐教室，站在门口，眼神像一架摄像机扫视着整个教室。有的孩子察觉到了我的出现，立马端正坐姿，闭上小嘴，可那些后知后觉的孩子依然很活跃，像树上的小麻雀一样叽叽喳喳，闹个不休。最夸张的是，坐在前排的桑火同学竟然站在音乐凳上，扮演着大闹天宫的齐天大圣；"调皮大王"王哲，拿着一把扫帚当琵琶，边"弹"边唱，还跳起了他自创的舞蹈。他俩发出的声音足以掀翻整个屋顶，任凭后面的孩子如何暗示，他们还是陶醉其中，直到发现门和门框来了个大大的拥抱，才反应过来，一脸羞愧地坐回了座位。

此时的教室变得安安静静，孩子们个个红着脸，低着头，似乎已经做好了迎接暴风雨的准备。我内心久久不能平静，用高八度的声音再次强调我的"强调"，还一口气罗列了十个批评理由。扫视四周，我立马察觉到好几个孩子缺席了。我还没来得及问，就听见楼梯上传来咚咚咚的脚步声，我提前打开了教室门。不一会儿，六个嬉皮笑脸的男生来到教室后门。我用力地拍了几下教室门，皱起眉，像一头愤怒的公牛，鼻子仿佛要冒出火来，嘴巴像唐僧一样念起紧箍咒："你们究竟在干什么？"

我实在是沉不住气，没心情听他们一一解释迟到理由，直接对他们进行了惩罚，四个被要求傍晚打扫音乐教室，还有两个被要求下一节课上台进行歌曲表演。就这样，我带着满腔怒火上完了整节课。

过了两天，我坐在办公室里，因工作上的事情回了几个未接电话，刚打完，办公室朱主任就拿着需要签批的文件走了进来，我随口问了一句："朱老师，现在是上第几节课了？"

"邵老师，第二节课已经开始十分钟了。"

我猛地意识到：完了！完了！这节是我的音乐课，我迟到了！

我二话不说，飞跑着去音乐教室，边跑边冒出一连串的担心：这帮淘气包肯定又在自由"飞翔"了！我注定要丢脸了……刚跑下楼梯，耳边就传来阵阵悦耳的竖笛声，我还以为是自己的幻觉，使劲拧了拧耳朵，才敢确定这乐声正是从音乐教室传来的。我带着尴尬，小步走到了教室门口，先是探了探头，想用肢体语言表达我此时的难为情，但孩子们似乎一点也不在意我的出现，还是对着音乐课本，认真练着竖笛。于是我挺了挺身子，强装镇定走进教室。我看到黑板上写着一个大大的"静"字，很醒目，底下还写着"等老师的时候……"每个凳子上都坐着孩子，整整齐齐的。我猜测这是班长张萌萌的主意，为的是找回上一堂课丢失的班级尊严，而孩子们可能会觉得我的迟到是别有用心。

我拍了拍手，示意孩子们停下来。一个个小淘气都咧着小嘴看着我，今天连一个低头的孩子都没有，我内心越发慌了。

"今天我迟到了，要不我也打扫教室吧。"话一出，我感觉自己整张脸写满了尴尬二字。

"不要不要！""不用不用！""你肯定在忙学校的事情！"……孩子们叽里呱啦地说着，明摆着在拼命给我找台阶下。我瞬间一个激灵，向所有的孩子拱手鞠躬之后，唱了一首自己刚学的新歌，作为自己迟到的惩罚。唱完之后，孩子们使劲地给我鼓掌，嘴里还不停喊着"好！好！好！"，接下来的课堂时间里，我惊喜地发现，我和孩子们在互动时更有默契了。

下课后，望着孩子们挥手远去的背影，我不由得想：同样是迟到，为什么我和孩子们的处理方式这么不一样？

用温暖的方式处理问题，效果远胜于训斥。这是孩子们教我的。

14. 不能忽视的问候

　　静校音乐《回家》准时响起，我和女儿贝贝手拉着手走出校门。与往常一样，我开车载女儿回家。五分钟的车程，我总能免费享受女儿给我分享的校园趣事。

　　可是，今天的女儿一改往常的嘻嘻哈哈、滔滔不绝，变得闷闷不乐、一言不发。

　　"开心果，今天好像不开心嘛！"我故意调侃女儿。

　　"嗯，老爸，今天我是'伤心太平洋'！"

　　"怎么了？"我好奇地问。

　　"今天我跟三位老师打招呼，他们都像没看我似的，老师们是不是不喜欢我？"听着女儿的讲述，我能感受到，她显然很在意三位老师的回应。

　　"他们可能有急事，没看到你。"

　　"可能你说得轻，在室外听不清。"

　　…………

　　我为老师们找了一个又一个理由，但女儿还是愁眉不展。

　　"你们老师不在意，我们学生很伤心的。"听着女儿的话，我的心猛地一颤。是啊，每天进校时，孩子们见到我们就会使出骄阳似的热情跟我们打招呼。而我们呢，经常无暇顾及。又或许是不屑一顾？个别教师有时只是表情冷淡地"嗯"一声了之，有时甚至理也不理就匆匆而去，忽视了孩子们的感受。孩子们会怎么想？会有怎样的感受？

我在一本杂志中看到过一项调查结果：98.6%的学生见到老师能主动问好或打招呼，但只有不到9%的老师会主动跟学生问好或打招呼。这样悬殊的数据，引发了我的警醒，让我陷入了久久的深思中。

第二天，我停好车子，走向校园，沿路遇到上学的孩子们，我一一挥手向他们问好，并亲切地说："早上好！"

"邵老师好！"孩子们乐呵呵地回应道。

走到校门口，担任本周校园啄木鸟的孩子们齐刷刷地站在大门两边，见我跨进校门，端端正正地给我行了队礼，甜甜地说了声："老师早！"我停下脚步，微笑着回敬了一句"你们早！"，并帮一个挂歪绶带的男孩理了理绶带。这本是一个很随意的举动，却让孩子们异常开心，他们一个劲地冲我笑，有个女孩还凑到旁边伙伴的耳旁说："老师跟我们问好了哎！"我从孩子们那一张张笑靥如花的小脸上，读出了他们的幸福与满足。我看着孩子们，一种愧疚感油然而生，心想：孩子们，是老师太大意了。作为老师，我们应该主动与你们问好，共同留住美好，留住幸福。

师生关系是一种非常独特的人际关系，教师的行为有可能会影响学生的一生。我们应该平等、友好地对待每一个学生，自觉地去尊重每一个学生。同时，尊重学生要从细处着眼，要在乎师生相处时的一言一行。

教育，不能忽视细节。

在乎每一朵花

15. 一堂心理课

"每一个灿烂的生命，都值得被珍爱，我们应该用最大的热情去拥抱生命，战胜困难。"今天，学生处的任老师给我们上了一堂以"聆听生命的旋律"为主题的心理课，让我更加深刻地理解了这个道理。

首先是上课前的小游戏——倾听。任老师给每个孩子发放了一个听诊器。随后，她拿起听诊器听自己的心跳，并让孩子们也学她的样子，用听诊器听听自己的心跳。

"同学们听到了吗？"任老师问大家。

"我听到了，心跳很平稳。"

"我听到了，心一下一下地跳，很有节奏。"

…………

这时候，轻快又有节奏的音乐响起，任老师动员孩子们和她一起舞动起来。他们时而舒展双臂，时而左右摇摆。当音乐停止时，师生们再次使用听诊器，聆听自己此时不一样的心跳，感受生命的旋律。

紧接着，任老师带着孩子们观看纪录片《生命的诞生》。通过视频和任老师的讲解，孩子们了解了生命是多么顽强，每一个生命的诞生是多么不易。

"生命的诞生这么不容易，那么我们该怎样让生命变得更美好呢？"

"享用美食，最美好。"

"和朋友一起聊天、听音乐，特享受！"

"捧起一本喜欢的书，我就高兴！"

孩子们纷纷参与讨论。

任老师适时引导孩子们提炼出让生命变得更美好的关键词，并写在事先准备好的树叶形状的绿色便笺上。有的孩子写的是"美食"，有的孩子写的是"旅游"，有的孩子写的是"唱歌"……几分钟后，孩子们自告奋勇地跑到黑板前，将便笺贴到任老师布置好的小树上。

"希望这株生命的小苗获得很多的快乐，长成一棵参天大树！"任老师边说边在黑板上给小树苗贴上粗壮的树干。

随后，任老师打开了前几天在心理信箱收到的一封信——《小光的困惑》。任老师先征得了小光的同意，随即将信的内容告诉大家：小光觉得自己的生活缺乏乐趣，爸爸妈妈除了让他做作业，就是让他背古诗文，这让他一点属于自己的时间都没有，就连最喜欢的运动——打篮球——也成了奢望。他觉得很无助，很烦恼。

"怎样才能帮助小光摆脱烦恼，找到生活的乐趣呢？"任老师的问题一提出，课堂就热闹了起来。有的孩子帮小光耐心分析现状，为小光找回属于自己的时间出谋划策；有的孩子想好多种办法安慰、劝导小光，希望小光乐观面对生活；有的孩子则支持小光将自己内心真实的想法说出来，跟父母好好沟通……孩子们认真地写着，真诚地交流着，热心地建议着，时而爆发出一阵掌声，时而送上一个拥抱，时而相互握一下手……我发现，孩子们眼中都带着光。

这堂课，任老师富有童趣的教学设计给我留下了深刻的印象，但更让我感到惊诧的是，孩子们在日常生活中竟然有这么多的无奈和失落。

作为老师，我们真该好好地与孩子们沟通，倾听他们生命中任何一段不合拍的声音，发现他们生活中不和谐的节奏，然后用我们的爱，去拨动他们美好的生命之弦，让他们的生活绽放出绚丽的色彩。

16. 一株聪明的爬山虎

我一直有一个愿望：让校园里有一堵绿色的墙。自从读了《爬山虎的脚》这篇课文，这个愿望就变得越来越强烈。终于有一天，我从网上找到一家专卖爬山虎苗的商家，便立马联系了对方。

一周以后，商家给我发来 15 株爬山虎苗。刚好下过雨，我想，这是个种植的好时机。我叫来学校门卫潘师傅，请他和我一起把这 15 株爬山虎苗种下去。

我们俩绕着校园转了一圈，商量着给爬山虎选个好地方。最终，我们决定将爬山虎种在龙门馆教学楼的花坛里。这个花坛里已经种了一排矮矮的冬青，我们把 15 株爬山虎苗均匀地种了下去。

爬山虎种下去后，我一天去看它们三次——自己种下去的东西就像自己家的孩子一样，怎么看也看不够。也真是奇怪了，我越是把它们当宝贝，它们越是不领我这个情，任凭我今天看、明天看、后天看，种下时 20 厘米高，几天过去，还是 20 厘米高，一点也不见长。潘师傅对我说："邵老师，算了吧，也许我们买到了假种苗。"听他这么一说，我仔细观察了一番，还真有几株苗蔫了，这令我内心挫败极了。

有一天，我路过花坛，无意中扫到冬青树上有一些嫩红的叶子在微风中跳动。难道是爬山虎"死而复生"了？我好奇地上前仔细一看，呀，一株爬山虎苗真的长出了芽，嫩嫩的、淡淡的，还带着新生命的娇美，就像一个刚出生的娃娃，从头到脚都是新的。

我像中了大奖一样，跑去叫来了潘师傅，让他见证我们的劳动成果。守着唯一一株幸存的爬山虎，我很浪漫地想象着，这一株顽强的小苗将来能"独树成林""独树成景"。

一个星期以后，我看到这株爬山虎顺着龙门馆凹进去的墙面噌噌地往上长。这天看它，长到了 30 厘米，过几天再去看的时候，已经有 40 厘米了，我内心无比欢悦。这株爬山虎似乎感受到了我们对它的爱，它在温暖的土壤中，在江南的雨季里，在我们渴望的目光下，施展了生命全部的能量，藤蔓越长越粗，叶子越长越多，用"一柱擎天"来形容它也不为过。这一根"绿柱子"也如跳龙门的小鲤鱼一样，每天往龙门馆的上方，一点一点地使劲长。休业典礼那天，我看到这株爬山虎已经有一两米高了。按照这样的速度生长，"独树成景"根本不是美好的想象，而是即将成为浪漫的现实。

放假离校前，我特意去看了这株爬山虎，并叮嘱潘师傅，大热天顾着点它。

假期结束回到学校，我心想：这株爬山虎应该爬上龙门馆二楼了吧。我站在校门口心急地远望，可我看到的不是我想象中的画面，爬山虎绿色的藤蔓没有纵向爬上二楼，而是选择了横向生长。于是，我上前仔细察看，原来我们龙门馆的外墙上，有一根突出的建筑横梁，横梁常年遭受风吹日晒，已经有了时间留下的痕迹。我心想：爬山虎一定是掂量着自己的力量还不够越过这根梁，所以，它很巧妙地选择改变生长方向，依附着横梁继续释放它那勃勃的生机。它长得那样苍翠欲滴，长成了一道风景，吸引着大家的眼球。

这是一株多么有意思、多么有智慧的爬山虎啊，当它不能够按照预想的方式去生长的时候，它非常巧妙地选择了一条更适合自己的路。

爬山虎如此，孩子何尝不是如此呢？其实，每个孩子都会有适合自己的生长方式。我们不应该用一个模子去要求每一个学生，而应该因材施教，去成就每一个独一无二的生命。好的教育，应该允许孩子选择自己的成长轨迹，用自己的方式成长。

17. 改进垃圾房

本周三，学校要承办一场省级教学活动。为给参会的老师留下一个好印象，周二午间，孩子们在老师的带领下，积极开展校园大扫除：打扫地面、擦拭瓷砖、整理桌椅、清理枯叶……忙得不亦乐乎。

大扫除结束后，我和学生处潘老师一同去巡视校园，我们边走边看，发现经过孩子们的认真打扫，校园变得更加整洁了。

操场是我俩巡视的最后一站，也是很重要的一站，因为那里有三个垃圾房。可还未等我们走到，一阵风吹来，几团废纸和几个塑料袋滚的滚，飘的飘，闯进我的视线。

"怎么还会有这么多垃圾？这里是哪个班负责打扫的？"带着一连串的问号，我们疾步向前。到了跟前一看，垃圾房边上更是离谱，满地都是散落的垃圾，加上风很大，导致地面上的垃圾腾空而起，飞到了旁边的树枝上，跃到了草坪小道上，一片狼藉。

去年，学校建童话馆时，校领导班子为了讨论校园垃圾房的建设问题，开了不下十次调研会，一来要方便师生倒垃圾，二来要体现学校的办学风格。最终，我们达成一致意见：调整固有思路，将垃圾房变身"景观屋"：借助童话故事《三只小猪》的场景，将垃圾房设计成草房子、木房子和砖房子。垃圾房建好后，成了学校展示办学特色的又一个窗口，也成为来宾参观校园时不可错过的打卡点。

见我站在垃圾房门口眉头紧锁，潘老师急忙通知包干区负责班级，要求重新进行打扫，他自己也二话不说拿起一旁的竹扫把扫了起来……

打扫的学生陆续下楼来了。

"这垃圾是谁倒在外面的？这么没素质。"

"刚刚扫过的，又这样了，真遭罪。"

"这个垃圾房是低年级的，那肯定是一、二年级的同学……"

打扫的孩子们议论纷纷，他们脸上的表情有的愤愤不平，有的十分委屈，有的疑惑重重。

"同学们，抓紧时间吧。"潘老师一声令下，孩子们立马投入打扫中。

我转身走向教学楼，想去找找乱倒垃圾的原因。来到二（1）班门口，孩子们正在开展自由阅读活动。我走上讲台，拍了拍双手，可孩子们没有察觉，还是在沉浸在阅读中，直到我连续拍了十几下手，孩子们才回过神来。

"同学们，很认真啊！我有个问题想问问大家：你们班是谁在负责倒垃圾？"我试探性地发问。

"我们每天轮流着来。"有个孩子回答道。

"学校的垃圾房，你们觉得如何？"我追问道。

"垃圾房很有趣！"一个女孩举手后，站起来笑嘻嘻地说。

"太高了，我们根本够不到。"一个胖胖的男孩在底下轻声念叨。

"够不到？你能跟老师具体说说吗？"

"那间砖房子是我们低年级的垃圾房，内桶很高很高，比垃圾投放口高，比我们的个子还高。"男孩子边说边用手比画着。

孩子这么一说，我突然想到：我们在设计三间垃圾房时，的确没有按低中高年级来调整内桶的高度与大小，而是做成了一样的。

　　与孩子们交流几分钟，让原本对"景观屋"引以为傲的我深刻意识到，一味追求垃圾房的高颜值，而忽视了儿童的真实需求和体验，让学校垃圾房成为高高在上、华而不实的摆设，真是太不应该了！于是，我立即调派人手，开展垃圾房改进工作。

18. 消失的作业本

　　一位女同事休了产假，我又成了一名代课语文老师。

　　晨读时间，我都会到教室里走一圈，看看孩子们的晨读情况。这一天，我习惯性地站在教室门口，巡视着教室的角角落落，一下就发现学生陈凯正埋着头奋笔疾书。可能是太专注了，连我走到他的身边，他都没有察觉。我低头细看，发现陈凯居然将三支笔捆绑在一起抄写词语，顿时火冒三丈，想也没想就把他叫到了走廊上。

　　"你不愿抄词语就明说，拿三支笔捆着写是什么意思？"我不由分说地严厉批评道。

　　"来不及了，我只能用这个办法。"

　　陈凯的回答让我更为恼火。而陈凯依旧一副倔脾气，还时不时顶几句嘴，真是"更年期碰上了青春期"：我越批评，陈凯的借口就越多。直到早读结束，我俩都没有停止争论，我的批评声还在不断地提高，走廊上看热闹的学生也越聚越多。

　　"老师，我们这节课需……需要讲单元练习题吗？"语文课代表跑过来，胆怯地问。

　　这时，我突然想起，昨晚练习题还有几份没改完，因处理陈凯的事情，我把这件事情忘得一干二净。我连忙赶回办公室，这场"抄词语"风波才得以暂时平息。

大课间到了，我把陈凯叫到办公室，准备继续教育一番。陈凯虽然很不情愿，但不得不来。可还没等我"发挥"几分钟，总务处通知我马上去领班级的洗手液，无奈，这件事又被按下了暂停键。回办公室的路上，我遇见了潘老师，我们就一堂课的教学设计问题聊了起来。正侃得起劲时，我忽然想起陈凯还在办公室里，便匆匆告辞。等我回到办公室时，发现陈凯已经回教室了，办公桌上留着他写的一张纸条，虽然只有寥寥几句话，但足以表达他的不满。

第二天的第一节课是我的语文课，预备铃一响，孩子们忙着做课前准备。

"糟了！我们全班的语文作业本都不见了，我都找了无数遍了。"语文课代表急得都要哭出来了。我沉默了一会儿，让课代表把其他班干部都找来，逐一了解情况。

"昨天放学时，我明明看见作业本还在讲台上呀！"学习委员笃定地说。

"我看一定是有人故意把它们藏起来了！"班长振振有词地说道。

"会不会是陈凯？"纪律委员一语惊醒梦中人，大家联想到昨天陈凯与我的争吵，纷纷点头，连我也觉得陈凯有很大的嫌疑。

随后，我和班干部们疾步走进教室，全班顿时安静下来，似乎都预料到接下来要有大事发生。

"作业本去哪儿了？是谁在搞恶作剧？主动拿出来，说清楚原因，否则别怪我不客气……"我站上讲台，逼问的话一句比一句厉害。

全班同学先是你看我，我看你，见没有人出来"认罪"，不约而同地低下了头。看着大家闷声不响，我越发火冒三丈，将书本在讲台猛地一摔。

"陈凯，你起来！作业本在哪里？"我质问的语气是那么肯定。

陈凯先是愣了一会儿，然后慢慢站了起来，却一言不发。

我的脸色越来越青，声音越来越大。

"作业本是我藏的。"小强站起身，小声地说道，那声音已经小到不能再小了。

我意识到自己错怪了陈凯，当即当着全班学生的面向陈凯道歉。随后，便把小强叫到了走廊："说，为什么藏作业本？"

"我讨厌每天都做这么多无聊的作业，老是一遍又一遍地抄词语。"小强喃喃道。

我和小强你一句我一句地沟通，二十多分钟后，小强低着头承认了自己的错误，我也意识到了自己的问题。

那堂课上完后，回到办公室的我内心久久不能平静……

机械、重复、无效，一直以来就是我们老师布置作业的忌讳。老师对作业缺乏设计，作业布置不科学，会导致学生对作业产生厌烦心理。同样的作业应该有不同的布置方法，通过转换作业形式，来实现由传统"笔杆子型"向"实践型"与"创新型"的跨越，让作业布置有策略，让做作业也变得有趣味。

老师们，我们布置作业的同时，更应该倾听做作业的孩子们的心声。

19. 同桌

这学期我担任了三（3）班的音乐老师，新学期第一节音乐课，我向课代表交代了上课入座的要求后，就早早地站在音乐教室门口，等待孩子们的到来。

铃声刚过，校园瞬间安静了下来，教学楼却传来阵阵嘈杂声，紧接着又传来一阵急促的脚步声。我顿时皱起眉头，心想：不会是三（3）班吧？越不想发生的事越容易发生，我还是逃不过"墨菲定律"，三（3）班的孩子们排着七零八落的队伍，正一路吵吵嚷嚷地向我走来。我顿时感觉很恼火，但考虑到这是新学期的第一节课，我还是压制住了心中的怒火。可一进教室，孩子们更乱了，这一边是找不到座位，那一边是争辩不休，直到一首进行曲播放完了，整个教室才安静下来。

"同学们，今天怎么这么兴奋？是第一节音乐课的缘故吗？"我生气地问道。

孩子们没有回答，一一低下了头。

"排队排不好，走路走不好，现在连坐都坐不好！"我越说越来气，教室里顿时变得压抑，孩子们本就垂着的小脑袋，越发耷拉了。

"同桌的两个人坐一起，这么简单的事都搞不清楚吗？"我红着脸追问。

"老师，我们没有同桌。"一个梳羊角辫的小女孩缓缓抬起头，用颤抖的声音说道。

这让我迟疑了许久。

小女孩这样一说，给其他孩子壮了胆，抬头的孩子立马多了起来，纷纷嘀咕着"是没有同桌""真没有同桌"……

这时，课代表站了起来，向我说明了具体的原因，我这才明白课前这么乱都源于"同桌"二字——三（3）班的座位都是单人单桌，前后左右间距都大，根本没有同桌这一说。我当即向孩子们表达了歉意，并安排了新的落座方式，然后才开始上课。

下课了，我待孩子们离开教室之后，走到了钢琴前，弹唱起一首熟悉的歌曲："明天你是否会想起，昨天你写的日记；明天你是否还惦记，曾经最爱哭的你；老师们都已想不起，猜不出问题的你；我也是偶然翻相片，才想起同桌的你……"老狼的《同桌的你》曾经风靡一时，放在现在，依旧能勾起很多人对学生时代的同桌的回忆。然而，随着学校办学条件的不断改善，昔日的长桌长凳已悄悄地被独立的课桌椅取代，而很多孩子从上学开始，就没有同桌。那个"三八线"的故事成了遥远的传说。

接下来的几天里，我总会有意无意地和孩子、老师、家长聊起关于同桌的话题。

"我的同桌就是我最好的朋友，我们每天一起上学，一起放学，一起写作业，碰到好玩的事情我第一个想告诉的人就是她！"谈到自己的同桌，三年级的小蔡一脸兴奋。

"小学生还小，学校的课桌椅虽然都是一人一桌，但我总习惯引导孩子们把桌椅两套两套合着摆放，在我们班，同桌依然存在。"一位班主任告诉我，"每天发生在同桌之间的小故事一箩筐，有矛盾，有争吵，

在乎每一朵花

也有欢乐，总之非常热闹。"

有一天，我在走廊遇见一位数学老师，闲聊几句之后，也聊到了同桌这一话题，他却说："学生这样一人一位挺好，可以有效减少他们上课交头接耳的现象，维持良好的课堂纪律，让每个学生都专心做自己的事情，不被人打扰。"

我内心突然很矛盾。现在的孩子是否还需要"同桌的你"？

20. 李老师回来了

在学校巡视时，我常常能在操场上看到充满活力的场景，主角便是备受学生喜爱的体育老师李老师。他的体育课一直是孩子们心心念念的"明星课"。在他的课堂上，欢声笑语不断，孩子们活力满满，仿佛浑身有使不完的劲。李老师总有办法，通过各类趣味游戏和特色活动，充分挖掘孩子们的身体潜能。在他的课堂上，每个孩子都有机会展现自身的才能与特长。

有一回，我路过操场，看到李老师正在组织一项名为"足球扫雷"的活动。操场上设置了不少障碍物——标着数字的"地雷"，"地雷"上的数字对应着不同的足球技巧。孩子们要带球穿越障碍区，并且不能碰到"地雷"，一旦碰到，就得做出与上面的数字对应的足球技巧，再返回起点重新开始，只有绕过所有障碍抵达终点，才算完成任务。

活动开始前，李老师耐心地提醒孩子们注意安全——系好鞋带，保护好关节。随着一声哨响，孩子们如同小猎豹般冲向障碍区，灵活地躲避着"地雷"，有的孩子还显示出惊人的思考力，想出了独特的方式巧妙绕过障碍。现场气氛热烈，加油声、欢笑声交织在一起。李老师在一旁密切关注，适时给予指导。最终，许多孩子成功"扫雷"，胜利的喜悦洋溢在他们脸上。这场活动无疑在孩子们心中留下了深刻的印象。

又有一次，预备铃响后，我发现孩子们已经在操场排好了整齐的队伍，可迟迟不见李老师的身影。孩子们脸上的期待渐渐变成失落，一个个像被泼了冷水似的。过了几分钟，一名年轻老师走向孩子们，我知道，这是教导处安排来代课的实习老师——李老师外出参加重要会议了。孩子们既好奇又有点疑惑，目光紧紧盯着新老师。

然而，这名实习老师一开课，就让孩子们做枯燥的体能训练，既没有指导，也没安排有趣的活动。我看着孩子们越来越无聊、失望，心里也不免担忧。

就在这时，一个孩子突然大喊："李老师回来了！"孩子们瞬间停下动作，齐刷刷看过去。果然，李老师带着标志性的笑容，手里还拿着篮球，正向他们走来。看到他，孩子们一下子又精神抖擞。

"哟，我老李不在，你们倒是找了个好老师啊，让我看看他到底有多厉害。"李老师半开玩笑地说。

孩子们笑了，实习老师却略显尴尬。实习老师自我介绍后，声音越来越小，他显然意识到自己没能满足孩子们的期待。

李老师微笑着伸出手，说："你好，欢迎加入我们！别紧张，我们继续上课。"这简单的话语和友善的举动，让实习老师放松不少。

接下来，实习老师尝试用故事讲述法讲解动作要领，虽然还不熟练，但孩子们听得认真。在示范练习时，他也开始手把手纠正孩子们不标准的动作，还向孩子们展示了他的篮球"绝技"，赢得了阵阵掌声。李老师在一旁也露出欣慰的笑容。

从那以后，我时常看到李老师和实习老师在篮球场、沙坑边交流和探讨。体育课上，他们分工合作，既开展趣味活动，也进行训练和指导。他们一同见证着孩子们的进步，欢声笑语回荡在校园。体育课是孩子们校园生活的重要组成部分，在两位体育老师的努力下，每一节体育课都将化作孩子们的成长养料。

　　我深知，孩子们渴望精彩的课堂，期待与优秀的老师一同书写校园的美好篇章，而李老师和实习老师正为他们创造着这样的机会。

第二章

守护那一颗颗童心

21. "故事迷" 贝贝

女儿的小名叫贝贝，她从小就非常喜欢听故事、讲故事。记得贝贝刚上幼儿园时，最爱看的就是动画片《葫芦兄弟》。她每次看到蝎子精舞刀、葫芦娃施展本领的场面，都会如痴如醉地注视着屏幕，仿佛自己也进入了故事中。"不好啦！不好啦！爷爷被妖精抓走了！" "我是大娃，身强力壮。"这些经典台词经常在家里客厅响起，贝贝还会配上片中人物的动作，将经典片段重现。

在讲故事这件事上，贝贝自小就受到了家人的鼓励与赞许。每当听到一则好故事，贝贝就会完完全全地沉浸其中，好像故事里的人物和事件都在她眼前。之后，她便会将故事讲给身边的人听。当讲述惊险的故事时，她的声音会变得低沉有力，配上适当的停顿和音调转折，让听众产生一种紧张和刺激的感觉。而当讲述有趣的故事时，她的语调和表情都会变得轻松活泼，再加上她的幽默，总能逗笑听众。

贝贝上小学以后，对讲故事更是情有独钟。每天放学回家的路上，贝贝一坐上我的车，就会打开自己的"故事频道"，摇身一变，变成"故事小精灵"，声情并茂地讲起故事来。贝贝那兴致勃勃的模样总是能够吸引我，让我静静地倾听。她的故事来自各种渠道，有的是她在学校听老师讲的，有的是她在图书馆自己看到的，还有的是她自己编出来的。故事有风趣的，有动人的，也有具有启发性的，无论什么样的故事，她都能够用生动的语言将故事中的人物描绘得栩栩如生，将故事情节讲述得跌宕起伏。每一次听故事都让我仿佛置身故事中，心情愉悦。我不禁想：孩子的天性就是好奇、喜欢探索，而故事能够激发孩子的好奇心，引导他们探索世界，多好。

但是有一天，贝贝变得闷闷不乐，一声不吭，往常热闹的"故事频道"居然没信号了，往日神采飞扬的"故事小精灵"脸上竟然挂满了"苦瓜"。

在我再三追问下，贝贝才抽了抽鼻子，说道："今天的数学单元练习不过关，错了一半，其实我都会做的。"她说着说着哭了起来……

"贝贝，不要难过，咱们一起找找原因。"我递上纸巾，连忙安慰。

"我非常认真地复习了，结果却这样差！"贝贝的声音很轻。

我知道她肯定是丢了信心。于是，我在脑海中不停搜寻一些可以安慰她的话语。

"一次失败不要紧，我们下次再来过。回家后我们把题目重新做一遍，你肯定是都会做的。"听完我的建议，贝贝脸上的表情渐渐舒展了，还表示会继续努力。

"贝贝，下周学校童话节要举行即兴故事创编比赛，这个是你的'菜'了吧？"

一说到故事创编比赛，贝贝就来劲了，不停地问我一些细节，刚才的沮丧一扫而光。

晚上，贝贝将数学单元练习题全部做对后，我和贝贝商量，先在客厅里组织一场小小的比赛预演：贝贝自由创作一个故事，以考验现场编创能力和应变能力。我抛出"打雷""彩虹桥""上课铃声""获奖"这些毫不关联的词语，让贝贝两分钟内即兴创编故事。最终，贝贝以奇特的想象、合理的情节、流畅的讲述赢得了一家人的掌声，还获得奖励——一大包薯条，她开心地笑了。

三天后，学校童话节系列活动之"故事创编比拼"拉开了帷幕，不出所料，贝贝被选中代表班级参加比赛。尽管心里有些紧张，贝贝还是设计了一个非常有创意的故事情节，得到了全场观众的喜欢，大获全胜。看到她上台领奖的那一刻，我愈发相信，孩子有无限可能，但需要我们用心去呵护与陪伴。

22. 不爱写作业

　　"老师，小强又没交作业！"作业组长跑来告诉我。说完，我们一同走向教室。我站在教室门口，一眼就看见小强背靠着墙壁，懒懒地蜷缩在角落里。看到如此情景，我一下就来火了，一大早就这副萎靡不振的样子！我快步走过去，问："你在干什么？"小强看了我一眼，一副死猪不怕开水烫的样子。我顿时火冒三丈，猛地一拍他的桌子，呵斥道："站起来！"他无所谓地瞥了我一眼，不耐烦地问道："干什么？"随后，他还低下头嘀咕着什么。我差点被气晕。

　　小强是上学期转来的插班生，瘦瘦的，眉清目秀，看上去蛮机灵的一个男孩，却总是让人捉摸不透。说他可爱吧，的确，他时常会在课堂上踊跃发言，班上绝大多数孩子百思不解的难题，他总是最先搞明白；说他让人忧心吧，确实，他不爱写作业，不论是家庭作业还是课堂作业，都经常不做，即使做了，也做不完整，字迹还非常潦草，所以作业组长总是向我诉苦。

　　为了让他改掉这个毛病，我采取了很多方法，软硬兼施，恩威并用，偶尔他心情好点，也会在口头上答应改正，可转身依然我行我素，毫无长进，弄得我心灰意冷。有时我也会想，还是算了吧，或许他就是传说中的"朽木"。想是这么想，但我心里还是放不下。虽然自己只是这个班的临时代课老师，但我还是觉得不应该因一点困难就退缩，不能因学生不爱写作业而放弃，我要对得起自己的良心，对得住请产假的同事。我把心一横：不改变他，誓不罢休！

一天晚上，我拨通了小强爸爸的电话。原来，小强升入小学那一年，他的父母就离异了。父母分开后，他随爸爸一起生活。他的爸爸是个货车司机，时常早出晚归，很少过问他的学习。小强放学后，家里往往只有他一个人。原来，小强听写等家庭作业完不成是有原因的，但他从未解释。

那一天的家校沟通很有实效，小强爸爸表示要尽到做父亲的责任，安排好自己的工作，尽快帮助孩子改掉不愿意写作业的坏习惯。

第二天，我察觉小强心情不错，就没话找话地跟他在走廊上闲聊。开心的话题聊着聊着，自然而然地被我拉到了"写作业"的问题上。

"小强，我觉得你不爱写作业肯定有你的原因。"我望着小强说，"从今天开始，老师允许你自愿做作业，可以全做，可以选做，也可以不做。"

我的话，显然奏效了，原本低头不语的小强，缓缓抬起了头。

"我说的是真的。"我再次强调，小强半信半疑地微微点头。

我说服作业组长当小强的同桌，帮助他整理乱糟糟的练习本、作业本，时常提醒他按要求完成作业，放学前帮他报听写。组长忙时，会叫上小强帮忙收作业，小强对此事也很热衷。

从那以后，小强虽然也有没完成作业的情况，但不再不以为意，而是感觉有些愧疚；他也会为某次听写比上次少错了几个字而高兴……

对于小强这样的学生，老师们应该更加重视，更加包容，更有耐心。也许唤起他们进取心、自信心的，恰恰是老师不经意的一句话、一个眼神。

改变他人，须先改变自己。

23. 格格不入的女孩

学校安排了校内教学调研，这天，我同教学线的老师们走进了一（3）班的教室，一起听刘老师的公开课。

"从前有个钟表王国，那里住着个老国王，叫时针。老国王又胖又矮，走起路来很慢、很费劲。他有一座圆形的城堡，城堡里有 12 个房间，里面放满了奇珍异宝……"一开课，刘老师就把孩子们带到了一个有趣的时钟世界。

啪嗒一声，一个铅笔盒掉在了地上，旁边的一个小女孩引起了我的注意。只见她单独坐在教室窗边的位置，和同桌之间刻意保持着一定的距离，粉色书包被她扔在课桌旁边的地上，更为格格不入的是，她的桌面上不时有五颜六色的碎纸片飘落……明明是数学课，这个孩子的课桌怎么会如此凌乱呢？老师怎么像没看到一样？

带着疑问，我有意把凳子移到她座位旁，悄悄地提醒她："小朋友，现在是好玩的数学课了，赶紧把书拿出来吧。"

小女孩愣了一下，然后转过脑袋一脸好奇地瞧着我。她梳着两个羊角辫，浓浓的眉毛下是一双乌黑的大眼睛。小女孩长着这样一副极其乖巧的模样，可她在课堂上的表现却与之大相径庭，这是为什么呢？

在我的示意下，小女孩把桌面上的一些物品挪到了一旁，慢吞吞地拿出了数学书，却一下子翻到了今天老师所讲解的页面，可见她并不是完全没听讲。

这时，其他孩子已经在进行小组合作学习，她却仍然孤零零的，我见状，便又拉了拉凳子，离她更近一些，和她组成了临时的学习小组。

"你的时钟呢？我们一起拨个3时吧。"我轻声对她说。她会意地点点头，从抽屉里取出一个纯手工制作的钟面，那钟面比配套钟面学具特别，12个数字写得端端正正，蓝色的时针和金色的分针相配，显得格外精致。

"真漂亮！你自己做的？"我问她。

"嗯！"她眼睛亮了，脆生生地回答。女孩用小手轻轻拨动着分针、时针，我顺势帮她一起拨，一下，两下，三下，不一会儿就拨对了。她举起钟面给我看，我竖起大拇指给她点赞，她咧嘴一笑。

为了全面了解本堂课的教学质量，我起身离开，去查看其他孩子对课堂内容的掌握情况。

"12时，是我们每天的欢乐阅读时间，让我们快速地拨动钟面。"孩子们一听刘老师的指令，马上动手拨动指针。陆续有孩子举起拨好的钟面，向刘老师示意。"好了！""完成了！"孩子们兴奋地告诉刘老师。我又把目光移到了小女孩身上，只见她倾斜着身子，小手高高举着拨得完全正确的钟面。当刘老师从她身旁走过时，她仍高举着钟面，似乎在迎接点赞的大拇指。遗憾的是，刘老师没注意到她。

她一定很失落！我心里暗想。

但小女孩很淡定，若无其事地低下头继续玩弄桌面上的小纸片……

课后，我找到班主任了解了小女孩的情况：入学以来，她上课、做作业都是自顾自，想听就听，不想听谁劝都没用，还时不时发出怪叫声影响其他孩子。班主任也跟家长沟通过许多次，家长觉得还有另外两个小孩要照顾，力不从心。班主任一说起她，满肚子的苦水。我相信，老师们肯定用尽耐心付出了，也一定经受了不少的挫折和打击。但我想，在教育"特殊"孩子的路上，唯有默默坚守，才能遇见花开。

教育需要持续的耐心。

24. 隐形的翅膀

"每一次，都在徘徊孤单中坚强；每一次，就算很受伤也不闪泪光；我知道，我一直有双隐形的翅膀，带我飞，飞过绝望……"音乐课上，女孩小文深情地演唱了《隐形的翅膀》。

去年，为丰富校园生活，我设立了"班级唱响会"，每月举办一次，让孩子们自主唱响心中的歌。这是小文第一次主动担任"唱响嘉宾"，动听的歌声赢得了阵阵掌声，她的眼中闪着泪光。

还记得三年前，她从贵州转学进入金近小学，顶着一头乱蓬蓬的长发，穿着不合身的 T 恤，面色苍白，神情落寞。她的与众不同，引起了我的注意。

开学初，她连着好几天都迟到，她的班主任将这个情况告诉了我。我很想了解这个孩子的家庭情况，便和班主任相约去小文家家访。一天放学后，我们按照她入学登记的家庭地址，边走边问，边问边找，好不容易才找到她家。小文家在矮矮的、老旧的出租房里。我们小心翼翼地敲了几下门，开门的是一个浑身散发着酒气的男人，料想他就是小文的父亲，可看他神情，并不是很友好。我们表明身份和来意后，他的神色稍稍放松了些，这才开口让我们进屋。走进屋内，我瞬间惊呆了，家里杂乱不堪，空气中弥漫着酒味，小文的父亲吃着盒饭，喝着啤酒，黑着脸，并不愿意与我们多讲话。

"小文爸爸，小文呢？"班主任只好先开口。

"在那个房间。"小文父亲用手指了指。

我们敲门走进房间，屋内的灯光有些暗，小文正在埋头写作业，看见我和班主任来，她很惊喜。我们搬了凳子，挨着她坐下，柔声与她交谈起来，生怕吵到她父亲。

交谈中，我们慢慢了解了小文的家庭情况：她的父母在她很小的时候就离了婚。母亲在广东，只是偶尔跟她通个电话。父亲没有正式工作，在镇上老街摆地摊，不懂得照顾她。她只能自己照顾自己，无论刮风下雨都是自己徒步上下学，家里也没人给她做饭，只能自己买些食物填饱肚子。讲着讲着，小文流下了眼泪，那一刻，我们深深感受到了这个小女孩的孤单与无助。

那一天，我们是带着沉重的心情结束家访的。

经过一段时间的观察，我发现小文性格内向，不愿意和同学接触，从来都是独来独往，脸上也很少出现笑容。班主任也常说：小文这孩子学习动力不足，成绩也很不理想……我心想，这个孩子太缺少家庭的温暖和父母的关爱了，与她朝夕相处的父亲至今还没有意识到这个问题，她身边也没有其他人能与她进行心灵的交流。那一瞬间，一种责任感、一份使命感，在我内心油然而生。

于是，我开始多方面关心起小文来：想到她在家里做作业灯光昏暗，我特意找她帮我整理活动室，把一盏台灯当作奖品送给她；知道她经常没吃早饭就来上学，我暗暗托班上热心肠的小王同学给她买面包、馒头吃；她头发凌乱，我就让班主任为她梳理整齐；她生活上有困难，我就帮她申请了学校"小鲤鱼爱心基金"的助学补贴；我还和她的班主任商量，找一个跟她要好的女同学陪她一起学习；音乐课上，我选她担任课代表，负责收发音乐作业。得到老师信任的她表现出了很强的责任感，经常和值日生一起把音乐教室打扫得干干净净。

我发现她特别喜爱听音乐、唱歌，但总是表现得很不自信：低着头，不敢大声唱出来。

有一次，孩子们向我提议，开设"每周一歌"欢唱活动。我顺势说，咱们就搞"班级唱响会"，并让小文担任唱响会的主持人。大家都说好。那一刻，我看到小文的脸上挂起了从来没有过的红晕。

一次音乐课后，小文找到我，告诉我她想担任一次"唱响嘉宾"。我很欣慰，问她想唱什么歌。小文小声地告诉我，她想唱《隐形的翅膀》。于是我给她打印了歌谱，利用两个午间的时间教她怎样唱好这首歌。我从声调变化、气息运用、唱歌姿势、演唱情感等方面一步一步进行指导，经过两周的训练，小文已经能很好地演唱这首歌了。

到"班级唱响会"那天，我简直不敢相信，眼前这个且歌且舞、神采飞扬的小歌星，就是过去那个灰头土脸、畏畏缩缩的小文。

后来，小文的班主任告诉我，除了唱歌，小文在其他方面也表现得越来越好。再以后，小文在期末考试中，语文、数学都考了全班第一……

有人说，教育的艺术不在于传授，而在于激励、唤醒和鼓舞。我深以为然。其实我并没有花多少时间在小文身上，无非是在她的身边多停留了一会儿。也许，正是这样的停留，这样的鼓舞，给了孩子一双隐形的翅膀，让她在不知不觉中学会了展翅，学会了飞翔。

25. 后盾

这天是毕业考的日子，对小易来说，这是一个重要的时刻。他的爸爸是学校的一名教师，这在无形中给了小易巨大的压力。尽管小易爸爸从不向小易提考试成绩的要求，但小易的神经还是始终紧绷着。

一大早醒来，小易就表现出紧张和不安。他一遍遍打开书包，检查准备好的考试用具。小易爸爸能感受到儿子心中的紧张，特意起了个早，给小易做了他最喜欢吃的早餐，希望通过美食来缓解儿子的压力。然而，小易却吃得很少，心情仍然有些沉重。

往常考试结束前，小易的爸爸总会去看看儿子的答题情况。这次他也决定去悄悄观察一下。他走到小易所在的考场的窗前，目光搜寻着小易的身影。

终于，他发现了坐在教室最后一排的小易。小易的手紧紧握着铅笔，眉头紧锁地看着试卷上的题目。父亲的心中翻涌着复杂的情绪，既希望儿子能够有好的表现，又担心他因为紧张而失误。

不知过了多久，考试结束的铃声终于响起。小易的爸爸迫不及待地走到教室门口，等待着儿子的出现。走出教室的小易看见了爸爸，瞬间红了眼眶。

小易爸爸心中一惊，立刻走到儿子面前，轻声安慰道："儿子，别难过，这只是一场考试而已。"

小易抬起头，眼中闪动着泪光，用颤抖的声音说："爸爸，我真笨，我不配做你的小孩。"

小易爸爸愣住了，这才意识到问题的严重性。

他紧紧抱住小易，心痛地说："孩子，你不笨，而且很懂事。爸爸知道错了，我以为做早餐能够帮你减轻压力，却没有考虑到你真正的需求。今后爸爸陪你一起努力。"

小易的泪水止住了，因为他感受到了爸爸的安抚和鼓励，哽咽着说："爸爸，我怕我学习不好，你会很失望。"

小易爸爸瞪大了眼睛，用力摇头："不，小易你错了，你能健康成长、快乐学习，才是爸爸最希望看到的。"

回到家后，小易爸爸反思了自己：孩子慢慢长大了，做爸爸的却忽视了孩子内心的情感需求，与孩子缺少心贴心的沟通。从那天起，他决定做出改变——更加耐心地倾听儿子，关注儿子的情感表达。小易的学习压力大，他会与小易一同探索应对方式，并为小易提供支持和鼓励。

慢慢地，爸爸成了小易坚强的后盾，爸爸的关爱和支持让小易更有信心面对未来的挑战，让他的内心变得更加坚定和自信。

这个故事是我和同事闲聊时听来的。它告诉我们，家人的关心和支持对于孩子的成长是多么重要。来自家庭的爱与温暖能够给予孩子勇气和动力，让孩子更加坚强地面对各种困境。同时，父母也应该主动与孩子沟通，关注他们的内心需求，并学会根据孩子的个性提供相应的支持和正确的引导，让家成为孩子成长路上的避风港。

26. 候补

　　这天上午，学校接到局里的通知，五月底将举行全区小学生文艺会演。中饭后，艺术组的老师就聚在舞蹈教室展开了讨论。

　　"可以选择童话主题的舞蹈，我来带！"小朱老师信心满满地说。

　　"合唱最省心，就是我们合唱队底子比较弱。"吕老师一脸的可惜。

　　"我觉得可以大胆挑战一下，将金近先生的《小鲤鱼跳龙门》创编成童话剧。"我说出了自己的想法。

　　我的想法得到了大家的一致认可。我们当即组建了童话剧参赛小组，并对剧本创编、音乐制作、演员选拔等工作一一进行了分工。

　　第二天午间，负责演员选拔的老师走进各个班级挑选心仪的小演员。孩子们听说可以参加童话剧表演，一个个都跃跃欲试。本来只要挑选30个演员，可10个班走下来，报名的孩子居然有60个，那怎么办呢？

　　"要不我们明天中午搞个角色竞选吧？"我提议。大家一致同意，并分头为明天的竞选做准备。

　　为了保证质量，我带着孩子们再次阅读了《小鲤鱼跳龙门》，和他们又体验了一次美好的"穿越"。之后，小朱老师将改编的《小鲤鱼跳龙门》剧本发到了每个报名的孩子的手中，让孩子们现场学习，并挑选角色进行试演。

在乎每一朵花

十分钟后，紧张的角色竞选环节开始了，孩子们把勇敢的小鲤鱼、热情的螃蟹大叔等角色演得惟妙惟肖，让在场的老师叹为观止。通过比拼，小鲤鱼、小河蚌等角色一一敲定了人选。最后竞选的是乌龟哥哥的扮演者。在竞选之前，一个叫小毅的四年级男生引起了我的注意，只见他面对着墙壁，边做动作边念台词，格外认真。

　　"小毅，小毅，轮到你了。"小朱老师催促道。

　　小毅沉浸在自己的世界里，没有反应。我上前拍了拍他的肩，他才回过神来。在我的指引下，小毅登台开始了他的竞选表演。从上台的步伐，就能明显看出他有些紧张了。果然，一表演，他就显得手脚僵硬，台词也念得磕磕巴巴。

　　竞选结束后，小朱老师公布了入选名单，小毅毫无悬念落选了。入围的孩子高兴得又蹦又跳，忙着跑向教室，向朋友们报喜。小毅呢，像丢了心爱的东西一样，耷拉着脑袋站在原地。

　　我走近他，他看到了我，可怜兮兮地说："邵老师，我也想演小乌龟。"

　　"可出演小乌龟的名额只有4个。"我解释道。

　　"您相信我，我一定会努力演好的。"他的大眼睛里突然有了光芒。

　　我心软了，心想：参加区级比赛，小乌龟角色缺一不可，要保证不出现意外情况，候补演员也是需要的。

　　"要不，你和其他同学一起参加排练，到时候我们再选定。"我说。

　　"太好了！邵老师，我一定努力！"小毅顿时变成了一匹欢快的小马驹，奔跑着回了教室。

　　这以后，童话馆的舞台热闹非凡，孩子们每天都在认真排练。就这样，一个月过去了，距离参赛的日子也近了。这一天，我来到剧场，想看看排练的效果。孩子们在台上有模有样地表演着，我特意关注了小毅，看他那满头大汗，就知道练习的认真程度。可是说实话，这孩子似乎不太适合跳舞，动作做得非常不协调。负责排练的小朱老师悄悄地跟我提议："邵老师，我看小毅属于候补演员的事，还是早点告诉他比较好。"

于是，我叫来了小毅。

"小毅，你喜欢跳舞，练得也很认真，邵老师特别要表扬你。"我先给小毅竖了个大拇指，然后委婉地说："根据这一个月的排练，老师发现你有很大进步，但我们这次是去区里比赛，对大家的要求都比较高。老师想跟你商量，从明天开始，你就将宝贵的时间花在另外的兴趣上，好不好？"小毅很聪慧，一下子就明白了我的意思，点点头，离开了童话馆。

几天后，小毅的班主任来到我的办公室，很郑重地对我说，小毅从排练队伍出来之后，情绪十分低落，上课听讲无精打采，作业也不能按时完成，就连吃午饭也要其他同学提醒。我听了，心里很不平静，拜托班主任多多关注，想办法让小毅从失落中走出来。

后来学校创编的这个童话剧获得了区一等奖，我们在全校公布这一好消息后，还安排了颁奖，请所有演出人员上台领奖。为了鼓励小毅，我特意让主持人说："这次演出，我们还要感谢一个人，他叫小毅。虽然最终因为演出名额有限，他没能登台，但他也为这个节目的成功付出了巨大的努力。他像一片绿叶一样，衬托了红花的鲜艳。有请小毅同学上台，接受校长颁奖。"

伴随着全校同学的掌声，小毅走上了台。我看到，他的脸上写着羞涩，也写着激动。他完全没有想到，学校会用这样的方式让他登台亮相。

　　这件事让我深刻反思：教育，真的不能太功利。4 只小乌龟和 5 只小乌龟有什么区别呢？如果要以伤害一个孩子的自尊心，甚至以影响他的人生为代价，那这个一等奖又有什么意义呢？教育的目的不是获奖，而是让每一个受教育者都能在教育中获得生命的愉悦和精神的自信。万物万事都可以有候补，但教育除外。

27. "快乐能量卡"

"在小小的教室里面，刮呀刮呀刮，做大大的任务，换哈哈的笑……"五（1）班的教室里，孩子们正唱着自己改编的歌谣。我路过时被欢快的歌声吸引，便驻足朝教室里张望，原来同学们正在刮"快乐能量卡"。

备受同学们青睐的"快乐能量卡"，类似于刮刮乐，刮开涂层，就能看见下面的任务，比如"到教室外静听鸟叫声""和好朋友交换一件尴尬的事""在教室里大笑30秒""模仿6种动物的叫声"等。这些"快乐能量卡"宛如一个个小礼物，给予孩子们快乐与希望，我不禁感慨这个活动的创意与用心。

"快乐能量卡"在班里推出之后，孩子们都迫不及待地刮开了第一张卡片。活动开始前，很多孩子并不理解这个活动的真正意义，但一体验，就立刻感受到了其中蕴含的温暖和快乐。孩子们经常互相分享自己完成了哪些任务，整个班级充满了欢笑。

小董是个活泼开朗的孩子。一天，因为小董在课堂上回答问题表现突出，语文老师奖励了他一次抽卡机会。期待刮卡已久的小董自然很开心，同学们也都期待他能够好运"爆棚"。

下课铃声一响，小董迫不及待地抽了卡，快速地用指甲刮呀刮，然后大声念出了卡上的文字："给同学一个公——主——抱！"

在场的同学异口同声地发出一声"哇哦"，教室里立马沸腾起来。小董需要找个合适的伙伴，并给对方一个公主抱，才算完成任务。小董转身一看，发现小宝正坐在座位上玩，于是跑过去请求小宝帮帮自己。小宝很爽快，一口答应，然后站在了小董面前。

小董深吸一口气，双腿弯曲站立，伸出双臂，说："好的，我准备好了，你上来吧。"

小宝点了点头，先用一条手臂勾住小董的脖子，然后小心翼翼地抬起一条腿，搭到小董的手臂上，接着稍微跳了一下，另一条腿也成功搭到了小董的手臂上。小董稳住身体，一手托住小宝的双腿，一手稳稳地托在小宝的腰间，并成功站直了身子。小宝高兴得发出了一阵欢快的叫声，同学们也被吸引了过来，围着观看这个有趣的场景。

不过很快，小董就感觉自己的手臂在颤抖，担心自己的力量支撑不了太久。而小宝似乎非常喜欢这个游戏，勾着小董的脖子不撒手。幸好小董的好朋友小周也在附近，他见此情景，连忙跑过来帮忙。

"让我来吧，我抱起小宝完全没问题！"小周站在小董的对面，伸出双手，让小董解脱的同时，向上抬起了小宝。小周是个身强力壮的男孩，足够承受小宝的重量。小董松了一口气，小宝则更加兴奋地欢呼起来。小周手臂肌肉鼓起，似乎也非常享受这个过程。同学们都笑得合不拢嘴，有的在鼓掌，有的打着响指，有的唱起了歌。这个互帮互助的温馨场景让大家都充满了能量，也让教室里的氛围变得更加轻松愉快。

最终，在小周的帮助下，小董顺利完成了这个任务。小董向小周道谢，然后两人给了彼此一个拥抱。这样温馨有爱的一幕，让大家都深受感动。

"谢谢你们啊！"一个同学高兴地说道。

其他同学也跟着喊："谢谢你们！"

这让小董、小宝和小周都感到非常高兴。虽然小董托举小宝的时候有些尴尬，但这成了那天班里最好玩的事情。小董和小周的友情也更加深厚了，共同完成任务让他们感到非常有成就感，同学们也因此变得更加快乐。

这一天整个班级充满了快乐能量，大家都非常期待下一张"快乐能量卡"能带来新的有趣的体验。刮呀刮，在小小的教室里刮出幸福感！

28. "校园推荐官"

　　"老师们好！你们是来学校参加活动的吧？我们学校的金近纪念馆、哈哈动物园，都很有特色，要不要我做导游，带你们参观一下？"五（1）班的小鑫在校门口等待妈妈时，见一群客人东瞧瞧、西望望，一副对校园景观饶有兴趣的样子，便主动上前自荐，打算带客人们来一场校园"深度游"。看到这一幕，我心里满是欣慰，金近小学的孩子就是热情又大方。

　　说起来，小鑫家早就搬到百官城区了，他完全可以在家门口的城区小学就读，但他非常喜欢这所乡村童话学校，喜欢这里的老师，不愿意转学。他觉得我们的校园非常美丽，有很多有趣的地方，每一堵墙、每一条路都会讲故事。每次向前来参观的老师介绍校园时，他总会很自豪地说："我们就读的金近小学，是一所童话学校，非常漂亮！"我深知，这不仅是小鑫对学校的真情流露，更是全体师生共同打造的校园文化的魅力体现。

　　有一回，学校要举行一场"校园推荐官"评比大赛，让孩子们介绍自己喜欢的校园景观，让大家更加了解金近小学。这是一个展示他们才华与对学校的热爱的绝佳机会，我十分期待孩子们的表现。小鑫兴奋极了，攥紧拳头，一副势在必得的样子，他知道这是自己擅长的，一定可以大展拳脚。小鑫立马开始思考自己想要重点推荐的校园景观，并决心要做出创意。他拿出了自己收集的校园照片，认真整理，配上文字，制作成了一个个模型，还反复修改介绍词，并邀请有乐器特长的伙伴参与舞台表演。

评比大赛如期举行，整个校园洋溢着欢乐的气氛。我坐在台下，看着各个年级的孩子们正拿着自己用心设计的校园景观创意介绍，跃跃欲试。他们将在火热的比赛中展现自己的才华和创意，争夺荣誉，并且为校园景观推荐增加新的亮点。

四年级的一个小组推荐的景观是"森林城堡"，这原本是校园内一个普通的山坡，孩子们却借助童话使其呈现出令人惊叹的一面。舞台上，孩子们给城堡设置了一扇由树枝和枫叶组成的大窗户，窗户中间还插着一片亮闪闪的纸片，孩子们说这是一块神奇的魔法石……他们用灵动的姿态和流畅的语言，演绎了一场惊心动魄的历险，带领大家了解这座"森林城堡"的特色和文化；他们还时不时地穿插各种有趣的互动游戏和游览指导，让台下观众仿佛身临其境。他们的奇思妙想深深打动了我，也让我深刻意识到，教育的意义之一，就是要激发孩子的创造力和想象力。

终于，小鑫团队出场了，他们选择推荐的景观是"昆虫科学园"。团队成员们穿着色彩明亮的衣服，戴着昆虫图案的头饰，各提一个小小的工具箱，看上去既可爱又精神。他们用自己的巧手搭建了一个充满生机的花园场景，许多昆虫模型和标本被巧妙地放置在各个角落。接着，孩子们伴随着轻快的小提琴背景音乐，用富有感染力的声音介绍了在这个小世界的各个角落发生的精彩故事。他们还配备了特别的显微镜，喷洒了散发花草芳香的精油，让观众在看表演的同时，获得感官上的享受。

最终，小鑫团队以独特的创意和极富激情的表演获得了此次评比的第一名，小鑫也如愿成为一名正式的"校园推荐官"。孩子们的表现让在场师生欣喜，他们通过大胆的想象，完美地呈现了发生在校园景观的故事。他们在大赛中展现的活力、才华、勇气和创造力，使校园的文化氛围更加浓厚，成为校园文化中不可缺少的一部分。

　　我不禁想，孩子才是校园中最灵动的景观。

29. 红雨伞

"这把红雨伞是谁的？"我望着图书角的红雨伞，有些生气地说，"上周我来你们班上课，这把伞就在这里。"

我承认我有强迫症。我去各个班上音乐课，总是非常关注班级的内务管理情况。一张桌子歪了，一把扫把倒了，我会忍不住去管——如果不摆正、不扶起，会严重影响我上课的心情。

"不是我的。"

"不是我的。"

"我知道，是'没头脑'的！"何田田指着王吉说。

"对对，就是'没头脑'的！"班上的同学异口同声地应起来。

我注意到，在大家的议论声中，小个子男生王吉笑嘻嘻地点着头，仿佛大家的议论全是对他的赞美。

王吉是三年级有名的"遗忘大王"。听王吉的班主任说，从一年级开始，王吉的记性一直不好，不但老师教过的知识过耳就忘，连自己的课本、铅笔、文具盒等也保管不好，不是忘在家里，就是落在教室。有一次，他把书包忘在一个小吃摊上，幸好他的妈妈在他的书包上绣了他的大名和校名，摊主又热心，把书包送到学校来了，要不然，王吉还不知道书包丢在哪里了呢！

二年级时，老师推荐大家阅读《没头脑和不高兴》，王吉读完以后，

在乎每一朵花

自诩"没头脑"。这一来，这个"遗忘大王"可是闻名全校了。我的音乐课上，孩子们也是"没头脑""没头脑"地称呼王吉，我多次对孩子们说"不能随便给同学起绰号"，可王吉却跟不在意似的，很洒脱地把头一昂说："邵老师，没头脑，我喜欢！"

"王吉，"我有点不高兴地说，"今天放学后，你把这把伞带回家里去，老放在图书角，有损班级文明。"

王吉应承了下来。

临近放学，本是阳光灿烂、晴空万里的天气，突然阴云密布，豆大的雨点毫不客气、噼里啪啦地砸下来。这样的翻书似的天气，又有几个人带了伞呢？

放晚学的铃声响了，孩子们背着书包滞留在教学楼走廊中。我站在孩子们中间，安抚着他们的情绪。

突然，三（2）班的教室里"飘"出来一把红红的雨伞，很鲜艳。是王吉！没错，王吉撑着伞从拥挤的人群中走来，颇有电影《上海滩》中许文强的风范。

"蔡强、小金，我们一起走！"王吉大声招呼着。蔡强和小金一听，迫不及待地钻到王吉的雨伞下，跟着王吉走了。不一会儿，他们三个就消失在茫茫雨雾中。

雨越下越大，有几个孩子等得不耐烦了，试探着想冲一回，可一伸头，衣领瞬间就被雨水打湿了，只好又缩了回来。

"何田田，邵乐乐，我来了！"一个清脆的声音穿过雨雾。我看到王吉正举着伞，朝我们这边飞奔而来。

"王吉，小心摔跤哦！"我迎上去，拉住了他。

"没事的，邵老师。"王吉踮起脚，把伞撑过我头顶，"邵老师，您是不是要去办公室？我送您过去。"

"谢谢。我不去，我陪着大家。"

"那我就先送何田田和邵乐乐啦！"

没等我回应，王吉就冲着走廊上的同学大声喊起来："何田田，邵乐乐，我刚才看到你们的妈妈在校门口等呢，我送你们过去！"

何田田和邵乐乐闻声从人群中钻了出来。

就这样，王吉像条鱼一样，举着他的红雨伞，一趟一趟地在校门口和教学楼之间来回游动。

这时，小鲤鱼广播响起，学校启动了极端天气应急预案，党员教师来了，保安来了，家长义工来了。每个人的手里都撑着一把伞，大家自发排成一队，搭建起了从走廊到学校大门的"伞桥"。被雨困住的孩子们齐刷刷从"伞桥"下面穿行，顺利到达校门口，找到等候自己的家长。雨雾中，我看到小小的王吉像个卫士一样，挺拔地撑着伞……

一瞬间，小小的王吉，那么高大，高大到远远出乎我的想象。王吉真是"没头脑"吗？不是！他真是"遗忘大王"吗？也不是！在这场始料未及的大雨面前，我亲眼见到了一个很有头脑、无所畏惧的小勇士——王吉遗忘了退缩，遗忘了害怕，却没有遗忘他的同学、他的老师……

很多时候，孩子是我们的老师，值得我们尊重，值得我们追随！

30. 插班生

这学期，我任教的班级来了一个叫王栋的插班生。我发现他上课时总是低着头，很少抬起头跟同学或者老师进行交流，他的"默默无闻"引起了我的关注。

课余，我向班主任了解了王栋的情况：刚转学过来时，他也是个开朗活泼的孩子，但不知出于什么原因，突然变得很内向，在班里也没一个朋友，总是独来独往。了解到这个情况之后，我在班级里发起了一场"快乐 do re mi"小组活动，希望有人和王栋多交流，帮助他融入班集体。可是，小组里的其他孩子不但不愿意和王栋交朋友，还成了王栋的嘲笑者。

有一天，王栋生病了，没有来上学。离下课还有五分钟，我将准备好的故事——《青蛙和蟾蜍》讲给孩子们听，青蛙和蟾蜍这对好朋友一起等信的举动感动了孩子们，他们纷纷表示要用实际行动关心身边的伙伴。

在我的引导下，孩子们想起了请假的王栋。于是，他们都开始忙着为王栋写卡片、做手工制品，希望他能早日康复。其中最温馨的是用红色卡纸剪成的两张心形卡片，一大一小，被孩子们用细线穿起来，写上了王栋的名字。

孩子们把精心制作的礼物一一装进一个精美的盒子，由我带去看望

第二章 守护那一颗颗童心

王栋。

王栋正卧床休息，见我来了，满脸惊讶。

"王栋，你生病了，同学们都非常挂念你，托我带来了这个。"我举着盒子说。王栋望着盒子，半天没说一句话，神情却变了。

"你打开看看！"我边说边把盒子递给王栋。他侧着身子接过盒子，小心翼翼地打开，当看到一张张带着祝福的卡片和一件件精美的手工制品时，他的脸上露出了久违的笑容，眼里也闪着泪花。原来他一直觉得，在这个班里，没有人理解他，也没有人愿意接近他，可这些卡片和手工制品却告诉他，其实有很多人在关注他、关心他。

在接下来的几天里，王栋收到了成堆的卡片和礼物，都是班里的同学亲手制作的，卡片上只有简单的问候和祝福，礼物也不贵重。但王栋明白，那是同学们用心制作的，他感到特别温暖。

康复返校后，王栋开始主动和同学们交流，整个人也渐渐变得活泼和自信起来。或许，他在班集体中找到了自己的位置，也想用自己的行动证明自己。

爱，需要用行动去传递、表达。

31. 救助小鸟

学校蓝莺园的山坡上，有一棵大大的香樟树。这里是鸟的天堂，也是孩子们嬉戏的好地方。树上，一群又一群的鸟在嬉戏；树下，孩子们在开心地玩耍。看着这幅充满生机的画面，我深感学校为孩子们打造的这个自然乐园是如此成功，它不仅是孩子们课余的欢乐天地，更是培养他们爱心与责任心的摇篮。

一个晴朗的中午，我路过蓝莺园，看到三（3）班的乐乐在香樟树下玩耍。

"吱——吱——"一阵异样的鸟叫声传来，乐乐下意识地抬起头，我也随着他的目光望去，只见一只小鸟正晃晃悠悠地往下坠，一下就落到了一旁的草地上。

乐乐赶紧跑过去，我也跟了上去。走近一看，原来小鸟左边的翅膀受了伤，它不停地扑棱翅膀，却始终没能飞起来。见小鸟这样子，乐乐十分难过，他轻轻地捧起它，摸摸它的翅膀。我在一旁静静观察着，被孩子的善良深深打动。

乐乐急急忙忙跑回教室，拿来了一块面包，又把面包捏成很碎很碎的面包屑，小心翼翼地放在小鸟的嘴边。小鸟先是试探了一下，见没有危险，便狼吞虎咽地啄食起来。等小鸟吃饱了，乐乐又喂了它一些水。小鸟吃饱喝足后，似乎恢复了些许力气，又开始尝试着飞翔，但它的翅膀好像伤得比较严重，还是没能成功起飞。

　　小鸟的伤口需要喷消炎药水吗？小鸟的翅膀需要包扎吗？……我想，乐乐脑海中应该有很多疑问。我走上前，轻声建议他，可以去医务室找老师要点常用的药品给小鸟处理伤口。乐乐按照我说的做了，还轻柔地按摩小鸟的翅膀。随后，乐乐把小鸟安顿在一个非常隐蔽的草丛里，就安心地去上课了。

　　我留意到，一连几天，乐乐一有空就来到大树下，给小鸟喂食，看小鸟的翅膀恢复的情况。

　　这天一放学，乐乐就赶来看望小鸟。草丛里传来窸窸窣窣的声音，是小鸟在用力扇动翅膀，但它还是没能顺利起飞。

　　或许，乐乐意识到小鸟不仅仅需要一双痊愈的翅膀，还需要重新学习如何飞行。于是，他想了一个办法：先小心翼翼地用一只手高高托起小鸟，然后在草地上奔跑起来，同时手慢慢地向下移，小鸟果然开始振动翅膀了。他一边奔跑，一边不停地鼓励小鸟。渐渐地，小鸟会意，一点点加大振翅的幅度。乐乐也不断地调整着奔跑的速度和方向，让小鸟不断地振动翅膀。经过一段时间的练习，小鸟终于成功地飞了起来。乐乐高兴极了，他跳起来，欢呼雀跃着。

　　小鸟飞得越来越自如，在空中盘旋一阵后，向乐乐飞来，叽叽喳喳地叫着。我在一旁见证了这一切，感受到了小鸟的兴奋和乐乐的激动，也为乐乐的成长感到由衷的欣慰。这小小的善举，正是金近小学德育成果的生动体现。

32."戏精"小喜

小喜是班里出了名的"戏精",一张灵活的嘴巴和与生俱来的幽默感让他成了班上的"活宝"。他总是能在不经意间蹦出一句话,把所有同学逗得哄堂大笑,即使是在严肃的课堂上,他也能让老师忍不住笑出声来。我经常能从任课教师和同学们口中听到他的故事。

有一次,语文老师正在讲解课文,小喜却趁老师没看向他的间隙,悄悄地从书包里掏出一只玩具青蛙,偷偷地拨弄了一下。玩具青蛙"咕呱"叫了一声,全班同学都被他逗乐了,老师有些懊恼,却找不到叫声的来源,只好皱着眉头继续讲课。

还有一次,班里上音乐课,老师正在教大家唱歌。他却趁老师不注意,拿出了一面小镜子,偷偷地照着自己玩,嘴里还念着:"我是一个演员……"全班同学顿时爆笑,老师见了却直摇头。

所以,在老师们眼里,小喜是一个实打实的调皮鬼,经常惹出一些小麻烦,但在同学们心中,小喜一直都是班上的"人气王"。

然而,有一天,小喜忽然变了。他不再像以前那样调皮、搞笑,而是安静地坐在自己的座位上,有时低头写作业,有时望着窗外发呆。小喜长时间的沉默不语让同学们感到十分惊讶,不知道到底发生了什么事情,大家都开始担心他。要好的同学私下问小喜,他也总是躲闪着,不肯回答。

这天，班主任调整了座位，小喜坐在了强强旁边。强强也是个开心果，知道小喜最近不开心，就趁机跟他聊了起来。

"小喜，你最近怎么了？这么安静可不像你。"

小喜嘟了嘟嘴，说："其实我……我爸妈工作变动，我要离开上虞回贵州老家了。"

"啊——"强强的一声惊叫，引起了其他同学的注意，大家纷纷聚了过来。

"你告诉我们就是了，我们理解你的心情，别难过了。"可能是强强的安慰打开了小喜的心扉，他开始主动倾诉他的烦恼。

"我要离开金近小学了，我好舍不得班上的同学和老师，我……我好难过。"小喜忍不住哽咽起来，泪水止不住地往下淌。

强强拍了拍他的肩膀："我们都会想你的。离开这里并不代表会断了联系，我们还可以通过信件和网络联系呀。"

看着往常乐呵呵的小喜眼眶红红的，同学们也不禁难过起来。小喜是班上最活泼的人，没有他，班上肯定会少很多欢声笑语。

于是，同学们想尽各种方式安慰小喜，让他感受班级的团结和温暖。有的同学写了一封离别信给小喜，表达自己的不舍和祝福；有的同学为小喜洗了一张班级合照，让大家的面孔可以永远留在小喜的记忆中；还有的同学给小喜讲述自己家乡的趣事，让他对回老家产生期待和兴趣……

小喜的心情开始好了起来，因为他知道，在这里，有一群好朋友永远支持着他、喜欢着他，无论在哪里，他们的友谊都会延续下去。

33. "闪亮之星"

前段时间，五（3）班的林豪同学引起了我的注意。我在巡查校园时，总能看到他独自坐在鱼龙池旁的石凳上，默默低头看着鞋尖，满脸的孤寂与落寞。

我找到班主任和任课老师了解情况，原来林豪因为学习成绩不太理想，总觉得自己不够优秀，久而久之，便觉得没有同学愿意和自己交朋友，逐渐从伙伴们的圈子里淡出。看到他这样，我心里很不是滋味，一直默默关注着他，期待他能有所改变。

一年一度的校园运动会即将来临，校园里满是孩子们的欢声笑语，可林豪却显得心事重重。我深知，他内心渴望改变自己的处境，只是一直没找到突破的方向。他擅长跑步，这次运动会，对他来说是一次难得的机会。那段时间，我每天都会看到林豪在操场上自觉训练的身影，他那坚定的眼神让我相信，他是真的下定决心要证明自己。

运动会如期而至，校园里热闹非凡。我在现场关注着同学们的状态，见林豪拿着一瓶水站在观众席看同学们比赛，脸上渐渐浮现出自信的神情，我感到很欣慰。然而，就在他准备参加百米赛跑时，一场暴风雨突然袭来，瞬间打破了原本的热烈氛围。看着林豪脸上自信的笑容被满满的忧愁取代，我也在心里为他着急。

学校广播通知百米赛跑推迟到雨停后进行。林豪站在教学楼走廊，焦急地望着窗外。这时，我通过广播传递鼓励："亲爱的同学们，我们应该相信，雨过必有天晴。请耐心等待，不久后天气将会转晴。"再看到林豪时，他的脸上闪过一丝微笑，虽然他还是紧盯着天空，但我知道，希望的种子已经在他心里种下。

终于，雨停了，广播通知百米赛跑即将开始，林豪迅速奔向操场，眼神中透着坚定与期待。发令枪响，比赛开始，林豪起跑稍落后，但他咬紧牙关奋起直追，逐渐抢占领先位置。就在他准备冲过终点线时，意外发生了，他突然踩空摔倒在地。我心里一紧，迅速跑向赛道。

同学们纷纷围上去询问他的情况，林豪强忍着疼痛，咬着牙站起来，挤出微笑说："我没事，只可惜没能给班级争光。"他的坚强让在场的每一个人都深受感动，同学们关切的目光也让这个场面格外温暖。

运动会结束后，我听说林豪住院了，便联系他的班主任一起去看望。班主任手捧鲜花，拿着同学们手写的卡片走进病房。林豪颤抖着接过卡片，打开其中一张，上面写着："林豪，我们一直记得你的笑容。不管你面对什么困境，我们都会陪在你身边，希望你早日康复！"看着这些充满温暖和鼓励的话语，林豪眼中泛起泪光。我知道，这一刻，他感受到了集体的关怀，也重新找回了信心。

此后，我也时常通过他的同学和老师了解他的恢复情况。一段时间后，他回到学校，开始积极参加各种活动，并且每次都全力以赴。在学校的童话歌曲演唱赛中，林豪独特的演唱惊艳全场，同学们惊讶于他的才华，我也为他的蜕变感到无比欣慰。

现在的林豪，已然成了班上的"闪亮之星"，他说努力的滋味很美妙，还常常帮助其他同学，鼓励他们努力奋进。我见证了他从自卑到自信的全过程，也更加坚信，每一个孩子都有无限的潜力，只要给予他们机会和鼓励，他们都能绽放出属于自己的光芒。

34. 小蜗牛与黄鹂鸟

　　一连几天，我都发觉班长蒋明上课无精打采，唱歌时也心不在焉，有时甚至托着个脑袋发呆。下课时，我把他叫到身边，笑着问他："怎么？你不喜欢邵老师的音乐课？"他懒懒地眨了一下眼睛，半晌才冒出一句话："不是，您常带我们做音乐游戏，我喜欢的，只是我会唱了，不想反复地唱，唱多了，没味道了。"

　　有一次课间，我走进教室，发现班上很多同学都在开心地玩游戏，王忆同学却坐在位置上写作业。我走过去，轻声说："下课了，别做作业了，去玩一会儿吧。去吧！"

　　旁边的同学也应和着："去吧，'小蜗牛'。"

　　这个班所在的中队叫小蜗牛中队，于是我下意识地以为，这是同学对王忆的肯定，笑着说："呀，你真厉害，这么快就成为咱们班的'班牛'了！"

　　谁知王忆非但不笑，还顿时眼泪汪汪，低下头，一声不吭地继续做作业。

　　我一头雾水，后来才了解到，同学叫她"小蜗牛"，另有原因。她做作业速度慢，时常不能及时完成语文老师布置的任务。有一次，老师一气之下指着教室门上的蜗牛图案说了句："你做作业的速度真跟蜗牛似的。"同学们哄堂大笑，后来就总是"蜗牛""蜗牛"地叫她。她觉得自己很差劲，也很没用。渐渐地，她变得越来越自卑。

我望着门上的蜗牛图案，有了想法。

第二周的课上，我对同学们说："大家都知道，我们中队是小蜗牛中队。"

同学们哄堂大笑，不少同学还有意无意地将目光投向王忆。

我继续说道："可能大家忘记了我们为中队取名'小蜗牛'的用意吧。"

我给同学们唱了一首《蜗牛与黄鹂鸟》，随后说道："今天我们来一场蜗牛和黄鹂鸟的赛跑。黄鹂鸟飞得快，那我们就请班里的长跑健将蒋明当黄鹂鸟；蜗牛爬得很慢，那我们就让王忆当蜗牛吧。"

教室里顿时一片哗然。

"有什么可比的？'蜗牛'一定输。"

"蒋明可是校运会的赛跑冠军。"

…………

此时，王忆看上去也挺不情愿。我把她叫到身旁，对她说："输赢不重要，老师只有一个要求，就是无论如何你都要坚持跑到终点。好不好？"

她会意地点了点头。

比赛开始了。"黄鹂鸟"跑得飞快，一会儿就到了终点。可"蜗牛"呢，跑了半天，还在半路吭哧吭哧。

有同学对王忆喊："'蜗牛'，你输了，不用再跑了。"

我用眼神鼓励着她，她继续跑。起初，同学们不解地望着她；慢慢地，同学们开始给她喊加油；临近终点，有同学陪着她跑了起来。终于到终点了，同学们都兴奋地围着她，说她真棒。

回到教室后，我对同学们说："大家好好想一想，谁是胜利者。"

通过刚才的活动，同学们或多或少有所体会。有的说："王忆跑得慢，但她坚持不懈就是胜利。"有的说："我们不能小看进步慢的同学，他们也很辛苦，只要努力了就是好样的。"

"小蜗牛"王忆站起来说："以前我觉得自己笨，很没信心，现在我发现其实大家一直都在给我支持，我真的很高兴，也很感动。我相信，只要我认真学，一定可以提高学习效率。"

我说："'蜗牛'是胜利者，因为她坚持不懈。'黄鹂鸟'也是胜利者，因为他跑得快。不过，我觉得不骄傲的'黄鹂鸟'更可爱。"此时，我看到蒋明低下了头。

以前班里成绩优秀的同学多，骄傲的同学也多。通过这次活动，他们更加全面地认识了什么叫作胜利，不再瞧不起学习有困难的同学，而且还很乐意提供帮助。

一首简单的童谣，一场脱胎于童谣且富有童话意味的比赛，竟然有这么好的教育效果，这是我始料未及的。我也深刻体会到，从儿童的实际出发开展教育，才能达到理想的教育效果。童话是一种很好的活动载体，好的童话故事既蕴含着哲思，又符合学生的心理特点，容易被学生理解和接受，能够让教育起到事半功倍的效果。

35. 向阳花女孩

教育部公布了第十五届宋庆龄奖学金获奖候选人名单，我校葛佳慧同学入选。

葛佳慧是一个认真、勤奋、有梦想的孩子。一次，区教育局要求学校逐级推选"新时代好少年"，学校老师借此契机，了解到她的家庭情况。她的父亲经营着一间棉花加工作坊，虽然身体不好，但他是当地有名的"葛好人"，谁家有事，他都会主动上前搭把手；葛佳慧的母亲是二级伤残，常年卧病在床。懂事的葛佳慧不仅勤奋好学，每天放学后还主动承担起了照料母亲的重任，她从小就学会了做饭、洗碗、按摩……学校发的水果，她总是舍不得吃，偷偷带回家，分享给家人。每当妈妈半夜抽筋的时候，她就爬起来，心疼地给妈妈按摩缓解疼痛。她总安慰妈妈："妈，会好起来的，科技发展得快着呢！"

我与学校老师一起入户家访时，葛佳慧的爸爸介绍道：葛佳慧的爷爷是陈毅元帅的部下，曾荣获三大战役纪念章，病逝后又被追认为"为民功臣"。爷爷和爸爸为佳慧树立了好榜样，让她拥有了良好的品质，她牢记爸爸常对她说的一句话："我们要向爷爷学习。"

葛佳慧喜欢绘画、书法，更爱好吹笛子，她第一次听到笛声，就被那欢快的曲调吸引，小小的竹筒竟能吹出这么好听的曲子，还能学各种鸟叫，她觉得特别神奇。于是，她决心要学吹笛子，她的爸爸带着她登

在乎每一朵花

门拜师学习。

万事开头难，这话一点不假。刚开始，笛子放在嘴边怎么也吹不响，只听到呼呼的吹气声。因此，她只能先练习吹瓶口，尽量不跑气，直到能把吹出的气收拢为止。她常常练得口干舌燥、脑袋发晕。就这样，她练了一个月的吹瓶口，总算能将竹笛吹出声响了。

接下来是练习站姿，丁字步，目视前方，肩膀放松，双手横持竹笛，一站就是半个小时，常累得她两手发抖、两腿发软，可她没退缩，还是一天又一天地坚持着……

葛佳慧放弃了很多自由玩耍的时间，她总是笑着说："爷爷连子弹都不怕，我怎么可能怕学习路上的这点苦。"

走过荆棘，总会遇到繁花盛开。2020 年，葛佳慧同学参加由中国民族管弦乐学会主办，中国民族管弦乐学会竹笛专业委员会承办的第五届北京竹笛邀请赛暨首届北京箫邀请赛，荣获竹笛·儿童组金奖。

葛佳慧一直积极乐观地面对生活，她说，她的理想是成为一名出色的军医，既能像爷爷那样顶天立地，又能用自己的所学帮助他人消除病痛。

"我爸爸因为常年弯腰工作的关系，腰椎间盘突出严重；妈妈关节坏死后，需要终身服药。我的心愿就是帮助像我爸爸妈妈一样被病痛折磨的人，给他们的家庭带去爱与希望。"说话时，葛佳慧的眼神中透着坚毅。

这是一朵正在绽放的向阳花，她用行动告诉我们，只有面对阳光，才会开得灿烂；只有正视前方，才会长得坚韧；只有从心底生出力量，才会有勇气、有决心为自己的未来奋力一搏。

葛佳慧的成长经历令人赞叹，爷爷的故事和爸爸的引导，显然是她重要的力量来源。这再次印证了一个道理：最好的教育不是责罚，也不是苦口婆心地说教，而是要言传、身教两不缺，给孩子做好榜样。

作为老师，我们教育学生的着眼点不仅在文化知识的学习和身体素质的提高，还在意志、品质的培养和道德、人格的完善。

36. 玩游戏机的男孩

　　在校园的金近广场上，我遇见一个倔强的小家伙。他身板小小的，气场却很强大，旁若无人地玩着游戏机，不顾游戏声会影响别人。面对旁人的指责和呵斥，小家伙没有回应，噘着小嘴，自顾自地玩。但不知为什么，我远远地看着他，挺心疼的。

　　我走过去，拍了拍他的肩膀。小家伙似乎很惊讶，瞪着干净的眼睛看了我两眼，就不理我了，也是够"高冷"的。

　　当他把游戏机开到最大声，所有人都将火辣辣的目光聚集到我俩身上的时候，我笑着牵起了他的手。原本以为这个倔强的小家伙会一把将我甩开，没想到他只是将自己小鹿般的眼睛瞪得更大了。

　　我把他带到了距离稍远，却没有脱离他奶奶视线的地方，尽量用温柔的声音告诉他："我看你玩了很久，似乎很厉害的样子。"

　　孩子像是被打开了某个开关，完全不在意我只是一个和他认识不到十分钟的老师，哇啦哇啦地向我说起了自己玩的游戏："这个超人——很——厉害的，这里——冒险很——可怕……"

　　他的表达不是很流畅，我努力抓取其中的信息。原来，他并不是一个不会说话的孩子。我蹲下身子平视他，给予他微笑和鼓励。等到说尽兴了，男孩似乎一下子和我亲近了，主动关掉手中的游戏机，把玩起我的工牌。趁着这个机会，我向孩子的奶奶打探起他的情况。

第二天，同样的时间，这个傲娇的孩子再次用震耳欲聋的游戏声吸引了所有人的眼球。他的奶奶吼着他，周围的其他家长也因为受到影响多多少少给了他一些提醒。

我悄悄地走了过去。孩子一眼认出了我，露出自己的小虎牙，满眼笑意。我瞬间感觉自己所有的疲劳都被这双眼睛驱散了。

我和他像朋友一样打了招呼，还试着问他："喜欢画画吗？"

孩子奶声奶气地告诉我："喜欢，但是没有笔。"

我回办公室拿来纸和笔，跟他商量："你给老师画一幅画好不好？"

孩子似乎很乐意，立刻关掉了自己的游戏机，开始在绘画世界里徜徉。

孩子画得很抽象。他似乎看出了我眼神中的疑惑，开始和我解释："我画了小坦克。我要保护自己的爸爸妈妈、姐姐和奶奶，他们都在美美地吃着我做的好吃的饭菜。这里还有很舒服的大床可以让他们休息……"原来，他其实是一个顶天立地、知道守护自己家人的小小男子汉！

正当我沉浸其中时，孩子再次开启了游戏机，声音依旧大得刺耳。我试着和孩子交谈，告诉他，学校是老师们工作、学生学习的地方，这么大声会吵到那些正在工作的老师和学习的同学。孩子看着我的眼睛，真诚地点了点头。接着我告诉他："其实你玩一会儿没有关系，也不需要把声音关掉，只要把声音调小一些就好。"孩子出乎意料地没有排斥，直接动手开始调音量。我趁热打铁，对他说："学校不是休闲娱乐的地方，是你学知识、长本领的地方。你是个好孩子，以后不会把游戏机带学校来了，对吧？"孩子点了点头，主动收起了游戏机。最令我感动的是，孩子在我忙的时候，向我要了两张纸，鼓捣了半天，临走的时候，塞给了我一个称不上精致但叠得很用心的小玩意和一幅他画的画，上面画着一个穿着丑丑的衣服的小人。男孩脆生生地说道："老师，这个画的是你，送给你！"我瞬间被这个小家伙给感动了。

孩子其实很单纯，很简单。如果你呵斥一个孩子，特别是倔强的孩子，他可能很难理解你，教育也达不到预期的效果。但当你从孩子的视角心平气和地和他沟通，孩子很容易接受你的建议，甚至和你成为好朋友。

做一名教师其实是一件很幸福的事情，孩子们的世界始终比成年人的世界更加纯净。有时候我会急躁，也会不安，但每当看到孩子天真、纯净的脸庞，内心又会变得平和。和孩子交流不同于和成年人交流，把自己变成孩子，你会更加了解孩子的世界，从而更加理解孩子。

37. 劳动小鲤鱼

　　大课间活动结束，我随五（2）班的队伍一起回教学楼。顺着队伍往前一看，两条鞋带引起了我的注意：长长的鞋带松了，左一下右一下无序地甩动着，还时不时被孩子踩在脚下。这样走路可太危险了！我赶紧喊："哎，前面这位同学请停下来，你的鞋带散了！"

　　谁知，我这么一喊，五（2）班的整个队伍都停了下来，孩子们连忙低头检查自己的鞋带。我疾步走到那个男孩身边，看了看他胸前的校牌，说："王松松，你的鞋带散了！赶紧把它系上。"可王松松只是面露难色地看着我，身体却一动不动。我又一次提醒他快系上鞋带，但他还是一脸为难。

　　"他不会系鞋带！"旁边的一个孩子扯着嗓子喊道。

　　我有些惊讶，不知边上孩子说的是真是假，毕竟是五年级的孩子了，不会系鞋带着实有点说不过去。后来，我让其他同学先回教室，单独把王松松叫到了一边。

　　"王松松，你真不会系鞋带？"

　　"不会，我的鞋带都是妈妈帮我系好的。"他低着头说。

　　"如果不把鞋带系上，万一绊倒多危险呀！"我扶着他的肩膀说。

　　他匆匆说了声："我真不会！"说完，他转身就要离开，试图摆脱我的追问。

我一把拉住他："学着把鞋带系上！"

"我不会！"他的声音更不耐烦了。

眼见孩子越来越抗拒，我忽然灵机一动，蹲下身子，清了清嗓子，尽量温和地说："那么，老师帮你系上吧！不过，我有个条件，你要认真看着我做，学着自己系鞋带，好吗？"

当我抬起头时，他正愣愣地看着我，嘴巴动了一下，想说话但没说出来。

"你自己试一试。"我把刚系好的鞋带给解开了。

王松松不情愿地提起鞋带，双手有些僵硬，左一下右一下地来回绕，可就是绕不清楚。

"小小鞋带手中拿，先请左边弯弯腰，再请右边绕它走，钻进一个小洞洞，一二三，用力拉，小小鞋带系好了。"我见孩子还没掌握系鞋带的方法，就想到了这首儿歌，一边唱一边手把手地教他。

几轮下来，孩子还是有进步的，多少能打个结了，只是不那么好看。我也不再执着，心想，那也行啊，总不至于绊倒了，系的次数多了，估计就好了。

当我转身离开时，听到了一个微弱的声音："谢谢老师！"回头一看，只见王松松已经咚咚咚地跑开了。

回到办公室，回想着王松松僵硬的双手，还有他说"我不会"时那固执的态度，我觉得应该做点什么了。

随后的几天里我有意观察孩子们，惊讶地发现，有的孩子不会系鞋带，在出操时让鞋带随风飘扬；有的孩子不会整理书包，每天背着特别重的书包来回；有的孩子不会收纳雨伞，总是把雨伞随意摆放……一星期后，在学生处的组织下，学校发出了"争当劳动小鲤鱼"的倡议书，孩子们如火如荼地练习着收跳绳、收纳雨伞、收拾课桌、叠衣服等生活中常见的小技能。比拼会上，孩子们个个神采奕奕，鞋带在手指间飞快地穿梭，穿孔、对齐、抽拉、系蝴蝶结，整个过程一气呵成……

对成长中的孩子来说，最好的关爱莫过于放手。

38. 汽车涂鸦

李明是一个充满创造力的孩子，喜欢画画和自己动手做小玩具。

一天，我看到李明来到蓝莺园草坪，把一辆手工做的小车放在我的小汽车旁边，蹲下身子开始涂鸦。他拿出五颜六色的画笔，专注地挑选色彩，在小车上画了许多梦幻的花、树和动物。看着他认真的模样，我不禁驻足观察了一会儿，暗自感叹孩子丰富的想象力。很快，小车涂鸦完了，可沉浸在涂鸦乐趣中的李明显然还没尽兴，让我没想到的是，他竟把目光转移到了我的车上。

前几天下雨，天晴后车上积了一层灰，李明似乎看中了这点，把这里当成了新的涂鸦场。他把手指当作画笔，把小狗们画成运动会的啦啦队，把班上的纪律委员画成大脸猫，还改编了李白的诗，写下"床前明月光，蚊子嗡嗡叫。举头望明月，不知咬多少"。我并未立刻上前制止，而是想看看孩子到底有怎样奇妙的构思。

正当李明满心欢喜地欣赏着自己的佳作时，预备铃响了，李明赶紧拿起自己的小车和画笔，跑向教学楼。

午间，我和几位老师路过蓝莺园草坪，看到一群孩子正围着我的车议论些什么。孩子们见我来了，不约而同地站成一列，形成一道人墙，遮挡住我的车。当我走近，孩子们齐刷刷地行队礼，异口同声说："校长，您好！"我笑着回应，却察觉到几个孩子神色有些异样。

"校长，没有东西，我们没事……"一个胖胖的孩子按捺不住，吞吞吐吐地说道，那不自然的表情让我更加疑惑。

我穿过队伍，一眼就看到了车上的涂鸦。孩子们顿时紧张起来，连忙解释："校长，这个不是我们画的，我们只是怕您见到会生气，才故意挡着的。"

我仔细看着车身上的涂鸦，并没有生气，反而微笑着点了点头，随即语气柔和地对孩子们说："不是你们画的，那是谁画的？我想请你们帮我找到他。"说完我便走向食堂。

我想给李明一些时间，让他想想自己的行为是否恰当。

没想到，这个寻人消息很快传遍了校园。后来我得知，听到消息的李明顿感惭愧，觉得自己的行为给大家添了麻烦。

那天放学，我特意在校园里多留了会儿，想观察观察李明的反应。看到伙伴们都陆续离校了，李明向我停车的地方走去。他找来柔软的抹布，提来水桶，撸起袖子，打湿抹布卖力地擦了起来……

"这么好的画和诗，擦掉不可惜吗？"我走上前轻声问道。

李明愣住了，回头看到我，低着头喃喃地说："校长，我知道错了，请您原谅！"

"没关系，还要感谢你帮我擦车呢。兴趣是最好的老师，希望今后你有好作品可以给我欣赏。"我笑着回应他，孩子勇于担当的态度让我很欣慰。

看着李明一脸认真，坚持要擦好车的样子，我也拿起抹布，和他一起擦了起来……

通过这件事，我更加深刻地体会到，孩子的兴趣之苗一旦破土而出，我们就应精心呵护，给予他们包容和引导，让这份珍贵的创造力得以茁壮成长。

在乎每一朵花

39. 爱上校服

　　小英上五年级后，变得越来越独立。她喜欢自己搭配衣服和配饰，每次出门前，总是对着镜子一件一件地试衣服。她很专一，漂亮的花裙子一直是她的最爱。但一到上学日，小英就必须穿上校服，所以她总是想方设法给自己找不穿校服的理由。

　　有一天，她在学校图书馆偶然翻到了一本书——《校服之美》。这本书介绍了全世界许多国家和地区的校服文化，以及校服背后的意义。看着看着，小英慢慢地对这些校服产生了兴趣。她开始收集各种各样的校服照片和资料，了解校服背后的故事。

　　小英的举动引起了身边同学和老师的关注，他们都认为小英的转变和努力值得赞扬和支持。于是，班里的同学和老师都开始帮助小英收集校服照片和资料，还精心策划了一次"爱上校服"主题班会。

　　几天后，小英主动约上几个伙伴，打算向总务处李老师献上校服金点子。

　　"报告！李老师，在——吗？"从敲门到喊报告，小英淋漓尽致地展现了她的活泼。

　　"在，进来吧！"李老师应答道。

　　"李老师，我们是来给您献计的。"孩子们热情地打开了他们自己制作的校服文化专集，小英作为讲解代表，更是热情得像夏日的骄阳。

"李老师，我们建议学校设计一套新的校服，融合充满活力的红、黄、蓝三种颜色。""小机灵"王强说。

"对对对，还应该包含小鲤鱼、浪花等图案，体现我们学校的童话特色。"小英迫不及待地加以补充。

"讲得很好，你们的好建议，我会马上递交给校长室。我们一起静候佳音！"

孩子们见李老师说得如此诚恳，纷纷点头。

李老师将小英和她的伙伴们提出的设计新校服的建议告诉我的时候，我也被孩子们惊到了。就重新设计校服的事召开会议后，我们决定采纳小英几人的建议，并召开讨论会，让学生、老师、家长一起参与新校服的设计。

小英得知学校已经采纳了重新设计校服的建议，还邀请了她和其他几个献上金点子的同学参与新校服设计的讨论会，兴奋不已。

不久，学校宣布即将推出一款全新的校服。这个消息立即在全校师生中引起了轰动。大家都非常期待新校服，毕竟现在的校服采用的是很多年前的设计。

在接下来的几周里，学校组织了一次次的评审活动，许多老师、家长和学生都参与其中，提出了自己的建议。最终，学校确定了一款校服，它采用了新的设计和面料，并且更加注重穿着的舒适感。

几个月后，新校服终于闪亮登场，无论是颜色、款式还是质量都比以前更好。新校服拥有时尚的设计、鲜艳的颜色和精美的图案，不仅增加了童话元素，还展现了"鱼跃龙门"的拼搏精神。这款校服深得孩子们青睐，小英更是对其爱不释手。

自此，小英每天都穿着校服上学，同时也注重搭配校服和自己的衣

在乎每一朵花

服，使自己看起来更加精神、漂亮。而她身边的同学们也注意到了她的改变，纷纷向她请教搭配技巧。

小英成了学校的"校服达人"，她不仅爱上了校服，还提高了自己的审美能力。同时，她也更加明白了校服的重要性，体会到了学校文化的魅力。她将自己的改变和收获分享给身边的同学们，号召大家一起爱上校服，让同学们穿着校服的形象成为学校的一道风景。

40. 戴眼镜的男孩

　　小唐是一个活泼开朗的小男孩，但是最近我发现他总是低着头，脸上挂着忧郁的表情，似乎在思考什么，让人看了很是心疼。为了解开心中的疑惑，我找到小唐了解情况。

　　原来，小唐因为过于迷恋电视、手机等电子产品，加上用眼不当，视力明显下降，最近去做视力测试的时候，被医生告知已经近视，从医院回来后就戴上了眼镜。起初，小唐不是很明白"近视"这个词的含义，也不知道戴上眼镜后的生活会如此不方便。每天睡前，小唐都要仔细清洁眼镜，因为一天下来镜片上布满了指纹和灰尘，他要小心地用眼镜布擦拭干净。妈妈为小唐准备了热腾腾的包子当早餐，小唐刚打开锅盖，热气立刻冲到了他的镜片上，眼前变得白茫茫一片，要等好一阵才能看清锅里的包子。因为刚戴上眼镜还不太适应，小唐有时会感到头晕目眩，需要好一会儿才能缓过来。另外，他的眼睛也变得很容易疲劳，尤其是看书时，眼睛总是酸胀，但如果摘掉眼镜，就需要距离书本非常近才能看清楚字。戴眼镜还给爱打篮球的他带来了不小的打击：视野受限，跑动时，眼镜也很容易晃动或滑落，让他分心，投篮命中率大大降低。

　　一次，小唐走进教室时，突然听到一阵笑声，仿佛大家的目光都投了过来。这让他不禁感到一阵尴尬。他小心翼翼地在自己的座位上坐下，看到桌斗里多了一张小纸片，纸片上赫然写着三个大字："眼镜男"。

被叫成"眼镜男"，小唐很苦恼，他想要摆脱这个绰号，但又不知道该怎么办。

听了小唐的讲述，我安慰他："别担心，眼镜只是一件工具，戴眼镜是为了方便学习，大家只是觉得新鲜，过段时间就习惯了。而且，你可以现身说法，劝诫同学们爱眼护眼。"

听到这些话，小唐眼里闪着光，重重点了点头。

爱眼护眼周马上就要到了，小唐紧张又兴奋地向我和学生处潘老师自荐，希望能担任本次活动的宣传大使。他的双手紧紧握成拳头，心中的决心和干劲仿佛要燃起火花。我仔细地打量着眼前这个戴眼镜的男孩，不禁赞赏他的勇气，在爱眼护眼周上让小唐来场现身说法对孩子们肯定很有说服力。

"小唐，你的想法很好，爱眼护眼周需要切实让同学们意识到保护视力的必要性，有实际经历的人如果能来为大家讲解，效果肯定是好的。你愿意成为宣传大使，现场向同学们讲述你的亲身经历吗？"

小唐眼中闪烁着热情和自信，像是蓄势待发的猎豹，他微微一笑，毫不犹豫地回答："当然愿意！"

爱眼护眼周启动仪式上，小唐作为活动的宣传大使，讲述了导致自己近视的多方面原因，宣读了护眼倡议书，还给同学们提供了一些实用的护眼技巧，例如减少手机、电脑等电子产品的使用时间，保持正确的阅读姿势等。最精彩的是，小唐换上了一套鲜艳的展示服，邀上几个伙伴来助威，他们每人手里拿着一个垒球，高声喊着口号，跳起垒球操。小唐的身体在跳动，手上的垒球也随着他的动作翻滚。他的眼睛注视着同学们，眼神坚定而自信，娴熟、精准的动作让同学们惊叹不已。一阵掌声响起，小唐和伙伴们高高举起垒球，挂着灿烂的笑容，向全场同学鞠躬致意。

之后，再没人叫小唐"眼镜男"了。

41. 空白奖状

　　校园的运动场上热闹非凡，一年一度的童话节系列活动之"鱼跃龙门"健身达人比拼活动正如火如荼地进行着。看着孩子们在欢呼声和加油声中尽情竞技，我心中满是欣慰，这样的活动不仅能强健他们的体魄，还能培养团队精神和竞争意识。

　　早在几天前，我就留意到六（2）班的小刘，她整个人都充满活力，兴奋极了。和她交流之后才知道，她对这次接力赛跑充满了期待，一心盼着团队能取得好成绩；另外，她也希望能拿到一张专属的特殊奖状。特殊奖状是学校为鼓励孩子们专门设立的，类别特别丰富，有精神风尚奖、运动风范奖、团队荣誉感奖等，每一个奖项都代表着对孩子们某个方面的肯定。

　　今天，小刘到校特别早，在运动场上认真地热身、熟悉场地，那股迫不及待的劲头让我印象深刻。

　　接力赛跑即将开始，起点线前的孩子们个个全神贯注，屏住呼吸等待起跑。信号响起，场上瞬间沸腾，加油助威声此起彼伏。我也时刻关注着赛况，看到小刘皱紧眉头，牢牢盯着接力棒。然而，接力比赛难免会有意外，在第二棒和第三棒交接时，一个队友没拿稳，接力棒掉到了地上，场面瞬间紧张起来。就在这时，小刘展现出了超乎寻常的冷静和敏锐，她迅速捡起接力棒，如离弦之箭般冲了出去，脚步轻快迅猛，好似一阵疾风，全场的目光都被她吸引。同学们在她身后激动地欢呼，我也不禁为她出色的表现叫好。

小刘的举动让队友和观众惊叹，在关键时刻，她沉稳果敢，成为拯救全队的英雄。最终，她所在的队伍以微弱的优势获得第一名，全场爆发出热烈的掌声和欢呼声。

小刘满脸喜悦，我看得出，她对拿到特殊奖状很有信心。比赛结束后，学校颁发了各种奖项，可小刘没有拿到她期待的那份荣誉，脸上的笑容消失了，取而代之的是失落。我心里明白，她在比赛中的表现十分亮眼，理应得到肯定，现在的结果让她有点难以接受。

此时，一位老师走过去，对小刘说："你的奖状在学校门口的葫芦屋里。"我顿时明白这是老师们精心准备的一个小惊喜，也期待着小刘的反应。小刘满脸疑惑，自己的奖状为何不现场颁发，而放在葫芦屋呢？

小刘快速跑到了葫芦屋，看到柜子上放着一张十分考究的奖状，她兴奋地把奖状贴近胸口，蹦蹦跳跳地回到教室。可当她打开奖状，却惊讶地发现上面只有一个名字，其他什么都没有。我跟随着小刘来到教室，站在一旁静静看着事情的发展。

"小刘，恭喜你，从这么多参赛者中脱颖而出。这张空白的奖状就是为你准备的，你自己填上想写的内容吧！"班主任金老师走进教室说道。

小刘一时有些蒙，直到金老师带头鼓掌，教室里掌声如雷，她才明白过来。这张空白奖状不仅是对她在比赛中出色表现的认可，更饱含着学校对她的信任与鼓励。小刘思索片刻，开心地在奖状上填写内容。看着她认真的模样，我更理解了老师们的良苦用心，这张奖状对小刘来说

在乎每一朵花

意义非凡，远比一张填好内容的奖状珍贵得多。

通过这件事，我也更加深刻地感受到，奖励的意义不在于形式与价值，而在于其背后所承载的鼓励与信任。每个孩子都有闪光点，只要坚持努力，就有机会收获属于自己的荣誉。而我们要做的，就是为他们提供更多机会，见证他们用行动证明自身价值，不断追求卓越。

42. 破蛹

　　学校蓝莺园的迎春花开了，一只只色彩斑斓的蝴蝶翻飞于丽日之下，绕着花儿翩翩起舞，吸引了不少孩子驻足。正好每月一次的"科学小课堂"时间又到了，科学老师向三年级的孩子发起一起观察蝴蝶的倡议。这下，蓝莺园立马成了孩子们课余时间的热门打卡地。

　　"哇！好大的蝴蝶蛹啊！"正在观察蝴蝶的小天大声喊着。

　　与小天一起来找蝴蝶的小杨循声跑了过来。只见一根树枝上，一左一右悬挂着两个蝶蛹，两人凑近细看，发现两个蛹都已裂开了一个小口，料想里边的蝴蝶成虫过段时间就要从小口往外钻了。看到这一情景，小天和小杨来了劲，决定好好观察观察蝴蝶破蛹的过程。

　　一放学，他们就心急如焚地赶来看蝶蛹，两人目不转睛地观察着，并私下约定：一人选一个蛹，比比谁的蝴蝶破蛹破得快。

　　小杨发现蛹上的小口在一点点裂开，兴奋不已，但蝴蝶几经挣扎，还是出不来。半个小时过去了，蝴蝶似乎已经竭尽全力，却丝毫没有进展……小天也在一旁满怀期待地观察等待，过了许久，蛹壳上的小口没有一点变化，只是整个蛹不停地在摇动。小杨看在眼里急在心里，一个劲地在原地打转。

　　"这个蛹太坚固了，蝴蝶一时半会儿肯定出不来，我来帮帮它吧！"小杨说。他找来了一根小树枝，吃力地踮起脚，小心翼翼地戳着蛹壳上裂开的小口。见蛹壳似乎很硬的样子，他一手抓住旁边的樟树，一手则瞄准小口用力戳下去，即便这样，小口也只不过变大了一点点。小杨折腾了好一阵子，蛹壳终于破了一个大窟窿，蝴蝶很轻松地挣脱了蛹壳，脱身而出。但是它的翅膀蜷缩着，紧紧地贴着身体，这让蝴蝶显得很小很小……小杨期待着蝴蝶用翅膀带动整个身体起飞的一刹那，那将给他带来无限喜悦，因为他是这只蝴蝶功不可没的"助产士"！然而，这一刻始终没有出现。眼前的蝴蝶没有任何起飞的势头，而是拖着一对皱巴巴的翅膀在树枝上缓慢地爬行。

小天的蛹这时也有了动静，蛹的摇动幅度明显大了起来，里面的蝴蝶一次又一次向外拱，终于挣脱了蛹壳的束缚。小天看到，蝴蝶从蛹壳里爬出，掉到了一片树叶上。它刚要扇动一下翅膀，整个身体便从树叶上滑落，重重地摔在了地上，好长时间它都没有再动一下。当它积蓄力量再次振翅起飞，迎接它的是又一次摔落，但这一次它没有犹豫，马上继续扇动羽翼。小天看到蝴蝶还在继续努力，第四次，第五次，成功了，终于成功了！一阵微风吹过，花草微微晃动，蝴蝶被风吹得身子微微倾斜，而后终于稳住，它一直向前，迎着花儿飞去……

小天兴高采烈地拍手欢呼，小杨却垂头丧气。见我在一旁驻足观察，小杨满脸疑惑地问我："邵老师，明明我已经帮蝴蝶提前破蛹了，可这么久了，它为什么还是不会飞？"

我笑着对小杨说："因为你这是在好心办坏事！"

"办坏事？"小杨睁大了眼睛。

我拍了拍小杨的肩膀，平静地说："蝴蝶破茧是在锻炼它的力量，为飞翔做准备，就像我们去参加跑步比赛之前，需要大量的锻炼。现在你帮它破了蛹，等于剥夺了它锻炼的机会。这样，即使破了蛹，它的翅膀没有力气，也还是飞不起来。"

　　小杨点了点头，一脸愧疚地看着飞不起来的蝴蝶。

　　帮助蝴蝶破蛹，表面上看是好事，是为了让蝴蝶早点飞翔，实际上却打乱了蝴蝶生长的规律，反而让它失去了飞翔的能力。

　　欲速则不达，教育何尝不是如此。对待孩子，我们不做"替蝶破蛹"之人。

43. 救助小猫咪

学校龙门馆教学楼正在拆除重建，工地上往来的机器和尘土飞扬的景象，与温馨的校园格格不入。工地旁的一个角落里，临时堆放着建筑材料和垃圾，那里早已拉起安全警戒线，所以师生们每次路过都会匆匆走开。

这天，我路过那个角落时，发现了一个小小的身影。那是三（3）班的李阳同学。在我的印象中，李阳是一个调皮、爱捣乱的小男孩。此时，他正蹲在角落里，面前放着一个破旧的纸盒，纸盒里似乎有什么东西在动。我带着一丝好奇和疑惑，悄悄地走近他。只见他小心翼翼地从纸盒里捧出一只脏兮兮的小猫咪，那猫咪看起来又瘦又小，眼神里满是惊恐和无助。李阳满眼温柔和怜爱地看着它，轻声对小猫咪说："小可怜，别害怕，这里很安全。"

我轻轻地拍了拍他的肩膀，他吓了一跳，转过头看到是我，有些紧张地站了起来。

我看着他手中的小猫咪，问道："这小猫是从哪里来的呀？"

李阳小声地说："邵老师，我就是在这个角落发现它的，它被那些废弃的材料压住了，我就把它救了出来。可是我不敢把它带回家，我爸妈不让我养小动物。"

我看着他那纯真而又有些无奈的眼神，心中涌起一股暖流。我摸了摸他的头说："你做得很对，李阳。这只小猫咪确实很可怜，我们不能眼睁睁地看着它受苦。"

他听了我的话，眼睛顿时亮了起来。

我和李阳一起带着小猫咪来到了学校的医务室。保健医生金老师看到小猫咪，也没有丝毫的嫌弃。她给小猫咪做完检查，笑着说："小家伙看起来饿坏了，不过身上有些擦伤，需要先处理一下。"

于是，金老师拿来了医药箱，细心地为小猫咪处理伤口。

李阳在一旁紧张地看着，不停地问："金老师，小猫咪会不会很疼啊？它伤得重不重？"

金老师安慰他说："别担心，孩子，小猫咪会没事的。"

在金老师为小猫咪处理伤口的过程中，我和李阳聊了起来。我问他："你为什么会这么关心这只小猫咪呢？"

李阳想了想，说："邵老师，我觉得它很孤单，就像有时候我也会觉得孤单一样。我在学校里经常闯祸，同学们都不太愿意和我玩，我就只能一个人待着。看到小猫咪的时候，我就想，如果我不管它，它就可能会饿死或者被欺负。"

听了他的话，我心里有些难受。我意识到，在平时的教育工作中，我们可能过于关注学生的成绩和纪律，而忽略了他们内心的情感需求。李阳虽然调皮，但也是个善良且富有同情心的孩子。

"李阳，你知道吗？你的这份善良是非常珍贵的。这只小猫咪虽然现在很弱小，但只要有人关心它、爱护它，它就能够茁壮成长。你在学校里也一样，只要你愿意改正自己的缺点，和同学们友好相处，大家也会喜欢你、关爱你的。"我看着李阳亲切地说。

他听完后，用力地点了点头。

从那以后，李阳像是变了一个人似的，任课教师都来反馈：他不再在课堂上捣乱，而是认真地听讲，积极地回答问题。在课间休息的时候，他不再和伙伴们追逐打闹，而是主动地去帮助其他同学。有一次，班上的一个同学不小心摔倒了，李阳立刻跑过去，将他扶了起来，关切地问："你没事吧？要不要去医务室？"

那个同学惊讶地看着他，说："李阳，你变了好多啊！"

李阳笑着说："因为我要像邵老师和金老师关心小猫咪一样，去关心身边的人。"

经过一段时间的悉心照料，小猫咪恢复了健康。李阳在学校的花园里为它搭建了一个小小的窝，每天都会去给它喂食，陪它玩耍。小猫咪成了校园里的"小明星"，同学们都很喜欢它，经常结伴去逗它。

这件事情在校园里传开了，老师们会在课堂上用李阳的故事来教育学生们要关爱小动物、关爱他人。我也在学校的集会上，表扬了李阳的善良和勇敢，鼓励全体同学向他学习。

半年后，龙门馆教学楼的重建工作终于完成了。那个曾经堆满建筑材料和垃圾的角落，也被改造成了一个美丽的小花坛。花坛里种满了各种各样的鲜花，五颜六色的花散发出阵阵清香。而李阳和他的小猫咪，也成了这个花坛的守护者。每天放学后，李阳都会带着小猫咪来到花坛旁，给它讲述自己在学校经历的趣事，小猫咪则会在一旁静静地听着，偶尔用它的小爪子轻轻地抓挠李阳的手，仿佛在回应他。这个画面，成了校园里的温馨图景。

在这个小小的校园里，一个不经意间的发现，一次温暖的救助，不仅改变了一个孩子，也让整个校园充满了爱与关怀的气息。我深知，作为校长，在关注学生学业的同时，更要用心去发现和呵护他们内心深处的善良与美好，让每一个孩子都能在充满爱的环境中茁壮成长，绽放出属于自己的光彩。

44. "玻璃男孩" 成长记

走进金近小学，脚走在刻着《小鲤鱼跳龙门》《小猫钓鱼》等童话故事的小道上，眼望着清水塘、鱼悦厅这些童话化的楼舍，耳听着学生们关于"广场童话""长廊童话"的介绍，会觉得自己走进了瑰丽无比、天真烂漫的童话世界。

在这个童话世界里，曾有个名叫王恩伟的"玻璃男孩"，他身患血友病（血浆中缺少某种球蛋白的先天性疾病，特征是身体各部位自发性出血或轻微受伤就出血，血液不容易凝固），却怀着一颗勇敢的心，坚强乐观地生活着，努力让自己的每一天过得像童话般美好。

一次，我和几位老师带着恩伟的几个同学一起去看望他。恩伟的家，是一幢两层的楼房，从外面看上去还不错，走进门才发现情况并非如此。这个家几乎可以用家徒四壁来形容，屋内根本没有任何装饰，只是刷了一层白泥子。

同学晓燕问恩伟："你在家都做些什么呢？"

他不好意思地回答："我不能到处玩，每天就在那张小书桌上做作业，然后自己一个人看看书，练练毛笔字，有时还帮妈妈套套雨伞（恩伟的母亲缝伞赚钱），扫扫地……"

顺着他手指的方向，我们看到客厅的一角放着一张漂亮的小书桌，上面整整齐齐地放着各种各样的书和一盏台灯。

班长金晓敏问他："这桌子真漂亮，是你刚买的吗？"

他高兴地说："这是一个好心人捐赠给我的，我很感谢他。"

另一个同学圣媛问："恩伟，你是什么时候知道自己得了这种病的？"

他想了想，小声地说："我也忘记了，大概是六七岁吧。当时爸爸妈妈总带着我到各处去看病，我才知道自己得了很严重的病。"

"那你知道自己得了这种病之后，是怎么想的呢？"李倩同学问。

他满脸愧疚地对我们说："我曾经好几次都想放弃治疗，觉得自己这病看不好，又给家长带来了很大的负担。"

"恩伟，其实我挺佩服你的，你现在的学习成绩那么好，毛笔字也写得很不错，是什么使你坚持下来的呢？"晓燕微笑着说道。

"主要是我的爸爸妈妈。他们每天为我的医药费操劳、担忧，为一家人的生活忙碌，但他们从来没有想过放弃我。所以我更不能放弃自己。我只有变得更坚强，才能让他们放心。我的书法老师是残疾人书画家陈伟强。我从他身上看到，只要坚持，就能成功。在陈老师的指导下，我的书法进步越来越大。"

通过恩伟的父母，我们了解到恩伟在婴儿期就确诊了血友病。五岁时，他已经很难独立行走了——病情导致他的膝关节严重变形，经常会因充血而疼痛难忍，需要靠打针来维持，打一次针就要八百元。恩伟知道爸爸患有肝炎，妈妈靠给人家做点小工赚钱，家里并不富裕，为了给家里省钱，他总是拖到无法忍受疼痛，疼得扯下一缕又一缕头发的时候，才答应妈妈去打针。他的妈妈经常以泪洗面，每当这个时候，恩伟总是安慰妈妈："妈妈，不要哭，我会好起来的，还会好好学习。等我长大了，我会赚很多钱，以后换我来照顾你和爸爸。"

恩伟没上过幼儿园，但他是多么想读书呀！2007年9月，金近小学收他入学了，这是恩伟最开心的事。他学习十分用功，虽然一开始什么也不会，但是他没有放弃，继续用功，花上比别人多几倍的时间来学习。后来，他各门功课成绩都名列前茅，成了全班学习的榜样。恩伟的事迹深深感动着校园里的每一名师生。

面对疾病的折磨，恩伟仍能坚强、勤奋、努力地过好每一天。他的故事拨动着每一个学生的心弦，一场以"让爱住校园"为主题的活动在三（3）班的教室开展了起来。同学们都决定用自己的实际行动帮助身边有困难的伙伴。一个星期后，在班长金晓敏的倡议下，三（3）班成立了"小鲤鱼爱心基金"，同学们一边省下零花钱，一边收集校园废品卖出，把所得的钱全部捐给恩伟。学生沈吉想到恩伟向往游戏，召集伙伴组建了"亲亲游戏组"，开展诸如快乐游书海、棋艺大比拼、竖笛大接吹、动漫大剧场等丰富多彩的课间活动，让恩伟也能参与其中。李丽萍老师对恩伟也格外照顾：平日里她总和恩伟母子谈心，休息日她时常会带家人去看望恩伟，还会接恩伟母子到自己家中做客。有时带女儿出去游玩，她也会带上恩伟一起。当大家为恩伟每月的医疗费发愁时，她突发奇想，联系媒体，通过网络报道，让许许多多爱心人士认识了恩伟，还设立了"王恩伟专项爱心基金"，陆续收到了爱心款三十余万元。面对一份接一份的关爱，恩伟表示自己会更加勤奋学习，乐观向上。面对记者，他说："现在很多人在帮助我，长大后我想要当一名医生，做一个有用的人，尽自己的力量帮助更多的人。"

后来，王恩伟对生活的信心更足了，他奋发图强，还被评为"中国好儿童""浙江省优秀少先队员""上虞市十佳励志少年"。如今，他已经大学毕业，是个帅气、阳光的大男孩。从大家同情的伙伴到大家学习的榜样，"玻璃男孩"王恩伟用坚强和乐观改写了自己的命运，让不可能变成可能，这让很多人赞叹不已。

在学校教育中，关心是情感激励的首要因素，真正关心学生就是心中想着学生，服务学生，帮助和引导他们树立正确的价值观，成长为阳光、自信、富有责任感的少年。

45. 船模风波

　　那是一个寻常的早晨，阳光透过树叶洒在校园的小径上。我正准备去教室看看孩子们的早读情况，突然，一阵喧闹声从蓝莺园草坪方向传来。我加快脚步，循声而去，只见围墙边的角落里聚集着一群学生，人群中传来激烈的争吵声。我费力地挤过人群，只见晓峰和小宇两人怒目相对，争得满脸通红。晓峰的拳头紧握在身侧，身体微微颤抖，小宇则双手抱胸，眼神中充满了不屑与倔强。在他们脚边，是一个摔得七零八落的船模，船帆断裂，零件散落一地。

　　"这个船模我辛辛苦苦做了好几个星期，你为什么要故意弄坏它！"晓峰的声音带着哭腔，却又充满了愤怒。泪水在眼眶里打转，他却强忍着不让眼泪落下，眼神中满是对自己心爱之物被毁坏的痛心与对小宇的怨恨。

　　小宇大声反驳："我又不是故意的，是你自己没有把它放好，我路过的时候不小心碰到了，它就这样了，能怪我吗？"小宇眉头紧锁，眼神中虽然有一丝慌乱，但更多的是不甘示弱。他挺直了腰板，似乎想要证明自己的无辜。

　　越来越多的同学围了过来，有的在指责小宇的不小心，有的则在劝说晓峰不要太激动。我看着眼前剑拔弩张的两人，深知此刻不能简单地评判是非。我轻轻拍了拍晓峰的肩膀，说："晓峰，你先冷静一下，老师会处理好这件事的。"然后，我转向小宇："小宇，不管是不是故意的，我们都应该先向晓峰道歉，对不对？"小宇低下头，没有说话，脸上依然挂着倔强。

我示意其他同学先回教室，然后带着晓峰和小宇来到了我的办公室。我让他们先坐下来，平复一下情绪。晓峰坐在椅子上，眼睛一直盯着那个破碎的船模，泪水忍不住流了下来，打湿了他的衣领。小宇坐在一旁，不停地摆弄着自己的手指，偶尔偷偷地看一眼晓峰和我。

"晓峰，你先告诉老师，这个船模对你来说意味着什么？"

晓峰抬起头，哽咽着说："老师，这是我第一次自己设计、制作的船模，我为了它，查阅了很多资料，放弃了很多休息时间。本来我是打算用这个船模参加学校的童话节科技比赛的，现在全毁了……"晓峰的声音越来越小，肩膀不停地耸动着，那是心血断送与梦想破碎所致。

我转过头，看着小宇说："小宇，你现在应该能理解晓峰为什么这么难过了吧？虽然你不是故意的，但你的行为确实给他造成了很大的伤害。"

小宇的脸上露出一丝愧疚，但很快又被他掩饰住了。他小声说："我知道是我弄坏了他的东西，但我真的不是故意的。我也不知道该怎么办……"

我思考了片刻，对他们说："我知道你们现在心里都不好受。这样吧，小宇，你先回去想一想，你能做些什么来弥补你的过错。晓峰，你也不要太伤心，老师会帮你看看这个船模还能不能修复。"晓峰默默地点了点头，小宇则如释重负地离开了办公室。

接下来的几天，我特意利用晨读、午间的检查，去他们的教室察看。我发现晓峰总是低着头，一副情绪低落的样子，任课老师也反映他最近上课时常心不在焉。而小宇似乎在思考着什么，但又没有什么行动。我跟班主任细细谈了这件事，希望班主任能找小宇的家长谈一谈，让家长引导小宇正确地面对这件事。小宇的家长得知情况后，非常重视，表示会和小宇好好沟通。

在一个傍晚，小宇拿着一个盒子走进了我的办公室，他低着头说："老师，这是我用自己的零花钱买的船模材料，我想和晓峰一起重新做一个船模。不知道他会不会原谅我……"小宇的眼神中充满了期待与不安，他的手紧紧地握着盒子，指关节因为用力而微微泛白。

我看着小宇，心中感到一丝欣慰。我带着小宇找到了晓峰，晓峰看到小宇手中的盒子，有些惊讶。

小宇走到晓峰面前，鼓起勇气说："晓峰，我知道我错了，你能原谅我吗？我买了一些材料，我们可以一起重新做一个船模吗？我想弥补我的过错……"

晓峰看着小宇，没有说话，脸上的表情有些复杂。

就在这时，晓峰的同桌站了出来，说："晓峰，小宇这几天一直在找关于船模制作的资料，他是真的想和你一起重新做船模，你就原谅他吧。"其他同学也纷纷附和，劝晓峰给小宇一个机会。

晓峰沉默了一会儿，终于点了点头，说："好吧，我相信你一次。"

从那以后，晓峰和小宇每天都会利用课余时间在科技教室里一起制作船模。他们遇到问题时会一起讨论，互相学习。在这个过程中，他们也发生过一些小争吵，但每次都能很快地化解。

然而，就在船模即将完成的时候，又出现了新的问题。他们发现按照原来的设计，船模的航行稳定性不够好。两人开始重新审视设计方案，查阅大量的资料，进行了多次试验。晓峰提出了一个新的船桨设计方案，但小宇觉得这个方案风险太大，可能会导致整个船模制作失败。两人各执一词，互不相让，争吵再次爆发。

晓峰生气地说：“你就是不敢尝试新的东西，这样我们永远也做不出更好的船模！”

小宇也不甘示弱：“我只是不想之前的努力都白费，你的方案太冒险了！”

他们把手中的工具一扔，谁也不理谁。

班主任告诉我情况后，我赶紧来到科技教室。看着他们生气的样子，我笑着说：“你们还记得当初为什么要一起重新做船模吗？现在遇到一点分歧就放弃了，那之前的努力不都白费了吗？”

他们听了我的话，都低下了头。我接着说：“其实你们可以把两个方案的优点结合起来，这样既可以保证船模航行时的稳定性，又可以优化船桨的设计。”他们听了我的建议，眼前一亮，开始重新讨论起来。

经过他们的共同努力，新的船模终于制作完成了。在学校的童话节科技比赛中，他们的小船又快又稳地驶过终点，赢得了在场观众的阵阵掌声。晓峰和小宇站在领奖台上，脸上洋溢着自豪的笑容。

那一刻，我知道，他们不仅修复了一个船模，更修复了他们之间的裂痕。他们在这个过程中学会了宽容、理解和合作，走过了一段曲折的成长之路，如同破茧而出的蝴蝶，在校园中一同自由地飞翔。而我也更加坚信，每一个孩子在经历风雨的洗礼后，都能收获新的成长动力，成为更好的自己。

第三章

打造多彩第二课堂

46. 开学第一课

新学期伊始，"开学第一课"如期举行。学校邀请了全国著名残疾人书画家陈伟强先生担任主讲嘉宾，我自告奋勇地担任了这一期活动的主持人。

在孩子们自编自导的开场舞中，以"成功是奋斗出来的"为主题的课堂正式拉开序幕。我先带领着孩子们观察苔藓、了解苔藓、讨论苔藓。接着，又带领着全校学生吟诵清代诗人袁枚的《苔》：白日不到处，青春恰自来。苔花如米小，也学牡丹开。

随后，校长何夏寿带领孩子们用越剧吟唱的方式一起唱起了这首诗。在优美的吟唱声中，孩子们簇拥着陈伟强先生进入课堂。

孩子们静心聆听着陈伟强先生的讲述，感受他如何凭借着顽强的毅力，练就生活自理的本领；惊叹于他不屈服于命运的安排，学会用嘴和脚写字、绘画甚至篆刻，并成为一代名家；赞叹他为传承和发扬中华艺术不遗余力，并热心慈善，让艺术升华，让爱心开花的高尚品德。

"灾难可以击伤我的肉体，但无法击破我的灵魂，只要灵魂不灭，我就要永远搏击……人要有感恩之心，如果没有大家的帮助，我也不会有今天。我想尽自己的力量去帮助别人。"分享结束后，陈伟强先生现场挥毫泼墨，写下了"自强人生"四个字，勉励孩子们要天天向上、不断奋斗；还绘制了一幅竹石图，寄予了他对孩子们的美好期盼。

在字每一朵花

孩子们纷纷发表感言，有的说："无情的灾难早早地夺去了陈叔叔的双臂，陈叔叔却能像苔藓那样顽强奋斗，书写灿烂人生。这值得我们所有人学习。"有的说："陈叔叔是一位了不起的书画家，是'最美浙江人'，美在他那坚强的意志力，美在他对艺术孜孜不倦的追求，美在他那满满的感恩之心。"

通过品读经典诗词、聆听陈伟强先生的励志故事，孩子们树立了新学期的奋斗目标，明白了成功是奋斗出来的这一人生道理。

聆听乡贤故事，感受别样人生；追随乡贤脚步，汲取榜样力量。每学期开学之际，学校都会邀请上虞籍名家走进校园，主讲"开学第一课"。我们根据小学生的年龄特征、心理特点等，有针对性地进行活动设计，以孩子们愿学、乐学的方式开展活动，使他们在潜移默化中受到熏陶。同时，每学期的开课主题都是根据当年重要的"教育着力点"选定的，以此增强教育的针对性、时效性与实效性。"开学第一课"代表着新的开始、新的希望，是开展青少年品行教育的重要契机，具有重要意义。学校送给学生的这份特别的开学礼，通过鲜活的案例、丰富的形式将全社会对少年儿童深沉的爱、对他们成长的深切关怀加以真实呈现。

47. 杭奶奶来了

"杭奶奶来了！"

"杭奶奶好！"

…………

9月1日，是新学期的第一天。看到"最美好支书"杭兰英来到学校，一大群孩子热情地围了上去，亲切地跟她打起了招呼。

杭兰英是学校施教区祝温村的党总支书记。她几十年如一日，将自己的心血倾注在祝温村这片热土上，带领村两委班子，实干建村，生态美村，依法治村，文化兴村，把昔日的后进村变成了村容整洁、文明友善、幸福和美、文化繁荣的社会主义新农村。浙江省委授予杭兰英"百姓喜爱的好支书"称号。

为了让孩子们培育和践行社会主义核心价值观，做到"记住要求，心有榜样，从小做起，接受帮助"，我诚挚地邀请杭支书结合自己的亲身经历给孩子们上开学第一课。

全校近千名师生集聚在金近广场，开展"做友善之人"主题活动。

"我先给大家讲讲我和春芳的故事吧！"杭支书笑容可掬地说。

原来，春芳八岁时她妈妈就离家出走了，自此，她跟着爸爸过日子。杭支书得知后，觉得这孩子年纪这么小，正需要有人关心，缺乏母爱可不行。几天后，杭支书买了几件新衣服，带了水果去看春芳。来到春芳家，杭支书见她家的房子年久失修，便专门请人把春芳家修缮一新，春芳感动得直喊杭支书"妈妈"。从那天开始，杭支书就经常去她家。

"后来我干脆让春芳住到我们家，和我们同吃同住。"杭支书说。

"在我心中，她就是我妈妈！"站在一旁的春芳动情地说，"遇到杭妈妈后，我的生活发生了翻天覆地的变化，我从一个自卑、学习后进的孩子，逐渐变得乐观、开朗。如今，我已经成为一名幼儿教师，我也要像杭妈妈一样，尽心尽力地照顾好每一个孩子。"

其实，几十年来，杭支书无私帮助过的人远远不止春芳一个。她为什么要这样帮助他人呢？孩子们很想知道。

"你对别人好，别人也会对你好！"杭支书朴素的一句话，让孩子们印象深刻。听完杭支书和春芳的故事后，孩子们更是抢着要和她说心里话。

"杭奶奶，您真是一位好奶奶！"

"杭奶奶，我也要向您学习，做一个真诚善良的人！"

"杭奶奶，我一定要像您一样，友善待人！"

…………

掌声中，杭支书大声宣布："开学啦！"学校广场上即刻响起一片响亮的回应："开学啦，新学期你好！"

这个学年，我带领学校围绕培育社会主义核心价值观和践行真善美，以杭支书为榜样，陆续开展了"信义故事演讲""诚实儿歌创作""友善漫画绘制"等一系列活动，真正让社会主义核心价值观的种子在全体学生心中生根发芽、开花结果，为祖国培养德智体美劳全面发展的社会主义建设者和接班人。

第三章 打造多彩第二课堂

48. 听杭奶奶讲阅兵

10月8日上午，我站在学校的童话馆内，满心期待着一场特殊活动的开场。童话馆被装点得格外庄重，横幅高挂，鲜花绽放，大家早早就做好了活动准备。今天，我们有幸邀请到刚赴京观礼新中国成立70周年阅兵式的杭兰英书记来学校做分享，全校师生都迫不及待地想要聆听她的故事。

"杭奶奶，我们都盼着您来学校，给我们讲讲参加阅兵式观礼的感受！"

"杭奶奶，听说您是特邀嘉宾，观看阅兵式的时候您坐在哪里？"

"您觉得从电视上观看阅兵和在现场看有什么不同？"

…………

杭书记刚步入学校，就被同学们热情地围住了。我看着孩子们好奇与激动的模样，更确定这次活动的必要性。今年的国庆节热闹非凡，大街小巷都飘扬着五星红旗，《我和我的祖国》的旋律回荡在每一个角落，而中央电视台直播的阅兵仪式，更是让全国人民心潮澎湃。杭书记几十年如一日，以"燕子垒窝"的长功夫、"老牛耕地"的实功夫和"头羊率群"的真功夫，一心一意为祝温村谋发展，真心实意为民解忧，深受村民爱戴。作为上虞唯一一位受邀现场观礼此次国庆阅兵的代表，她当之无愧。

在乎每一朵花

在热烈的掌声与孩子们的簇拥中，杭书记走进童话馆与家长、学生、老师等代表展开亲切的交流。祝温村的家长代表深情讲述了杭书记多年来为祝温村的发展所做的贡献，学生代表认真汇报了同学们在祝温村所做的问卷调查得出的结果，老师代表则详细介绍了与国庆阅兵观礼相关的主题活动。最后，杭书记向大家仔细描述了此次赴北京观礼阅兵式的情况和参加各种活动的经历，分享了现场观看时激动、喜悦、自豪的心情。我在台下聆听，对杭书记的敬佩之情又增添了几分。

"9月30日早晨6点30分，我从崧厦出发，上午10点登上了飞往北京的飞机。"杭书记回忆起这段经历，难掩激动。在观礼时，她就在朋友圈发过现场照片，表达自己的感受，抒发对祖国的深情与赞美。

"10月1日上午观看阅兵式和群众游行，晚上看联欢活动。天安门广场阅兵和联欢气势宏大、场面壮观，我在现场激动万分。我们的祖国在中国共产党的领导下越来越强大，武器越来越先进，人民越来越幸福。我们一定能够实现中华民族伟大复兴的中国梦。祝伟大的祖国繁荣昌盛！"杭书记的话语中满是骄傲。她还提到，现场聆听习近平总书记在庆祝中华人民共和国成立70周年大会上的讲话，她内心深受鼓舞，更加坚定了作为基层党员干部"不忘初心、牢记使命"，做好基层服务工作的决心。

活动中，我们还通过看照片、视频等方式回顾阅兵的精彩瞬间，一起欣赏杭书记从现场带回的观礼资料及纪念章，并通过小故事了解仪仗队训练的日常。学生代表现场体验了一把队列训练，感触颇深，对参与阅兵的士兵们肃然起敬。

活动接近尾声，同学们接过主持人的话筒，发表自己的感言。有的说："我要学好本领，学会坚持，长大建设我们的村庄。"有的说："之前只知道杭奶奶是一位好书记，没想到杭奶奶竟厉害到能受邀参加如此高规格的活动，太了不起了！"还有的说："长大后，我也要像杭奶奶那样，做一个对他人、对社会有用的人。"

这场活动，对金近小学的孩子们来说，意义深远。他们重温了杭书记工作、生活的点滴，感受平凡中的温暖，明白坚持的力量；现场聆听杭书记关于阅兵的"独家记忆"，在惊喜与自豪中编织梦想。而我作为校长，也深感这样的活动为学校德育注入了鲜活力量。

49. 校园手绘地图

谁的画风最可爱？谁的构思最巧妙？谁的设计最立体、最细腻？一场以"乘红船·游金近（小学）"为主题的校园手绘地图设计比赛开始啦！全校师生都积极行动了起来。

手绘地图展示现场，一幅幅充满童真、童趣的作品映入眼帘：有的以蓝色大浪花为背景，以小鲤鱼为主人公，开启童话校园畅游之旅；有的使用萌化的字体，画上卡通化的教学楼，让地图更加可爱；有的趣化校园各大景观，让校园更生动……从一张张白纸，到呈现在大家眼前的手绘地图，学生们用丰富的想象力和无限的创意，创作出100幅精美的作品，每一幅都富有特色，体现出学生们对学校办学理念的充分理解。

"起初，我非常担心学生会因为时间紧、难度大而放弃，但是在绘制的过程中，我看到了他们的努力和用心。我对最终呈现的效果非常满意。"五（1）班的班主任在闲聊中和我说。

每份手绘地图上都标注了校园中的主要道路和建筑的位置及名称，龙门馆、清水塘、金近童话园、鱼悦厅等都能在地图上找到。有些能干的学生甚至让地图上的建筑都"站"了起来，别出心裁的形式让人眼前一亮。每一个翻开手绘地图的人都能迅速了解校园各个建筑的分布，更加清晰地认识校园。

"每天都能看见食堂阿姨的笑脸，地图里怎么能少了她们的身影呢？"六（1）班的张勤同学特地在她的手绘地图作品中的食堂区域内，加上了食堂阿姨亲切的笑脸。

相较于以往的地图，手绘地图更受师生们的喜爱。"手绘地图很卡通，也很有意思，看起来直观又轻松！"一名参与活动的班主任由衷地说。

学生用画笔将自己的学校描绘在纸上，把对学校的热爱融入自己的作品中，一笔一画都寄托了浓浓的情意，还为校园增添了一份艺术气息。经过师生讨论和专家论证之后，学校隆重推出了首张校园手绘地图。童话般的校园跃然纸上，激发了学生爱校、教师懂校、党员建校的热情。

50. 自制童话棋

　　每天在校园里四处走走，是我的习惯。这天，一阵欢快的喧闹声吸引了我。"哈哈，长颈鹿不走斑马线，后退三步。""小猫不追蝴蝶，认真学钓鱼，前进两格。""小犀龟不会垃圾分类，返回起点。"我循声望去，只见七八个小脑袋凑在一起，内圈四个同学正在掷骰子下棋，外圈几个围观的同学时不时激动得喊出声，原来是孩子们正在长廊下兴高采烈地玩童话棋呢！看到这一幕，我由衷地感到欣慰，这充满活力与欢乐的场景，正是美好校园生活的生动体现。

　　我深知棋类游戏对学生成长的重要意义。它能为学生营造轻松自在又充满趣味的学习情境，对开发和提升学生智力大有裨益。于是，在今年三月份的童话节系列活动中，学校精心安排了一场自制童话棋比赛。活动要求孩子们选择自己最喜欢的童话故事，根据故事情节，自主设计游戏规则和棋谱，完成一张独一无二的棋盘，然后和伙伴们一起分享游戏的快乐。我期待着孩子们能在制作和体验童话棋的过程中，真切地感受到"小游戏·大智慧"的独特魅力。

　　事实证明，孩子们远比我想象的还要出色。这些心灵手巧的小家伙充分发挥聪明才智，大胆想象，巧妙构思，利用各种废旧材料，通过剪、折、拼、贴等方法制作童话棋。他们还借助童话故事场景，用蜡笔绘制出色彩丰富、情境生动的棋盘。更让我惊喜的是，有的孩子把孝顺、环保、劳动、清廉等主题教育内容巧妙地融入其中，在棋盘的格子上详细罗列具体的内容和与其相悖的行为，以及相应的奖罚规则。看着这些凝聚着智慧与创意的作品，我为孩子们的奇思妙想和动手能力感到无比骄傲。

童话棋评比现场格外有趣。孩子们站在自己制作的棋盘前，绘声绘色地陈述自己的创意并讲解制作过程，然后在现场拉上同伴一起津津有味地玩上一局，别提有多开心了。

童话棋一经推出，就受到了孩子们的热烈追捧。课间短短十分钟，孩子们也会抓紧时间拿出童话棋玩上一局。放学后，有些孩子会友好地相互交换棋盘，这样他们就可以回家和爸爸妈妈下棋，与亲戚朋友下棋。这种分享和交流，不仅增进了孩子们之间的友谊，也让童话棋的乐趣传递得更远。在下棋的过程中，"角色骰子"的使用，调动起孩子们的情感，让他们更加深刻地领悟故事的寓意，对培养他们的品行习惯起到了很好的作用，真正达到了寓教于乐的效果。

二年级的蒋同学兴奋地跟我说："校长，我觉得童话棋特别新鲜、有趣！可以边玩游戏，边学知识，下棋后，我好像一下子明白了哪些行为习惯是应该保持的，哪些是绝对不能有的。"

六年级的吴同学也激动地跑来分享："我把制作好的童话棋拿给老爸看，他狠狠地表扬了我，还主动说要和我下棋，这种感觉特别爽。"

听到孩子们的这些反馈，看着他们眼中闪烁的光芒，我知道这个活动真正走进了孩子们的心里，也深感这次活动的意义重大。

"我们开展自制童话棋活动，就是充分遵循小学生的年龄特点与认知水平，寓教于乐，以期让孩子们在游戏中获得新知，培养好习惯，从小在内心种下真善美的种子。"班主任朱老师对我说。

从学生的生活中来，回到他们的生活中去，这便是教育回归生活的真谛。自制童话棋因其新颖的活动形式、丰富的活动内容、简单易懂的活动规则、趣味十足的活动过程深受孩子们喜爱。它能够引导孩子们把校园中大家都关心的人和事用生动有趣的方式呈现出来，传播更多正能量。设计、制作童话棋，实际上是将生活情境浓缩在一方小小的棋盘上；下童话棋，是让孩子们在模拟情境中体验生活，其中既有认知上的内化，又有行为上的指导，游戏所蕴含的教育性被充分释放了出来。未来，金近小学还会继续探索更多这样寓教于乐的活动，助力孩子们健康快乐地成长。

51. 田野音乐课

"啦啦啦！""哈哈哈！"……我还未走到音乐教室，就远远听到孩子们的嬉笑声。每次上二（3）班的音乐课，总有一些淘气包令我生气。

我用一种"才不和你们小孩一般见识"的心态，故作淡定地走进教室。教室里一片闹哄哄，说话的、闹的、玩游戏的……一点上课的样子也没有。看我走进教室，不少孩子还是"刹不住车"，依然我行我素。我深吸了一口气，抑制着胸中的怒火，端坐在钢琴前，弹奏了一遍问候曲。琴声一起，嘈杂声减小了一点，我继续弹了第二遍，有的孩子跟着琴声唱起了问候歌。直到第三遍，孩子们的歌声才勉强变得整齐，这时，我才开始上音乐课。

"谁的小背挺得最直？我最喜欢给精神的小朋友竖大拇指！"集体教育还是有点效果，我这么一说，很多孩子立马挺直背，并起小脚，坐得很端正。我的情绪随之好了一些，对于上好这堂课，也重新抱有希望。

我接着说："下面，请小朋友来敲一敲老师的音乐宝盒，用手敲三下，听到音乐后，请你哼唱出来，能唱出唱名的小朋友更棒。"为了让孩子们掌握音的高低，同时避免枯燥的练唱，我拿出事先准备的精美音乐盒，学生敲完，我就在琴上弹一小段对应的音乐……一开始，孩子们还比较积极。可两三遍之后，他们就表现出了厌倦情绪。教室里的淘气包们显然坐不住了：小丁早已侧躺在音乐凳上，学着小猪佩奇呼噜呼噜睡大觉；小王自己玩还嫌不过瘾，非要拉上旁边人，一会儿揪前排同学的头发，一会儿和同桌聊天，忙得不亦乐乎；小蔡呢，和同学偷偷扔纸团玩，甚至使出"凌波微步"，坐到了其他位置上……

"老师，他们在玩。"

"老师，他乱坐位置。"

…………

听见一声又一声的"检举"，看到孩子们心不在焉的样子，我心中的希望又一点点消失了，一股怒火直冲头顶，脸一下子涨得发烫。我立刻停止上课，大声呵斥这些学生，一批评就是十分钟……

下课后，我实在郁闷，便走出校门，想去田野里散散心。我一路走，一路想。长期以来，为了能让课堂有好的秩序，保证教学工作的有序开展，我尝试着结合游戏、利用道具调控课堂；坚持评价制度，希望借此激发孩子们的学习兴趣。可我还是难以把控课堂，那些淘气的孩子依旧坐不住。但训斥只能起一时的功效，时间一长还是"涛声依旧"。我的教学方式是不是不对？我为什么走不进孩子们心里？我陷入了沉思。

这时，一只蜜蜂从我身旁飞过，我回过神，抬头望着遍野的油菜花，顿时有了一个计划……

两天后，又是二（3）班的音乐课，我提前五分钟来到教室。

"同学们，你们想到田野里上音乐课吗？"

话音刚落，一声"想"震耳欲聋。带上课本，夹着竖笛，我们排着整齐的队伍出发了。走在油菜花田的小路上，黄灿灿的花朵迎风摇摆，好像一位乐手信心满满地弹奏着春天的旋律。此时孩子们一张张久违的笑脸，成了田野上一道别样的风景。

"走走走走走，我们小手拉小手……"踏着有节奏的步伐，音乐课代表带头唱起了《郊游》，孩子们边唱边挥着手，歌声很动听！

"你看，好多小蜜蜂围着油菜花！"小丁一改在教室里没精神的样子，兴奋地喊道。

"它们在干吗呢？"我顺势发问。

"它们在跳圆圈舞。"

"它们在唱《劳动之歌》。"

"它们在采蜜。"

…………

孩子们讨论着。

小王和好朋友手拉手，围成了一个小圈，开心地跳起了圆圈舞，一步又一步，一圈又一圈，一旁的孩子们一边啦啦啦地哼唱着歌曲，一边用小手比画着乐曲的旋律，好不热闹。

"老师，我刚学吹了《理发师》中的几个乐句，您能帮我听听吗？"小蔡正拉着我的衣角，持着竖笛看着我，一脸渴望。

"好呀！我非常荣幸。"

竖笛声响起，小蔡熟练的指法、准确的节奏，让我大为惊喜。这孩子也跟在教室里不一样了！笛声一停，田野里顿时响起阵阵掌声。

这堂课，孩子们的欢声笑语回荡在田野上，也荡漾在我的心间。

爱音乐是孩子们的天性，然而，具有爱乐天性的孩子们为什么有时不喜欢学校里的音乐课，这是一个值得每一名音乐老师认真思考的问题。我们应不断探索引导孩子们学习音乐的方式，唤起他们对音乐的那种源自心底的热爱，使之成为他们终身学习的不竭动力。我们更应尊重儿童的天性，打破传统模式，勇于创新，创设合适的学习情境，为孩子们提供丰富多元的学习方式，让他们积极主动地体验探索音乐的乐趣。

52. 一颗糖，一架梯子

　　这天午休时间，我整理起了早就想整理的办公室。文件、报纸一一放回书架后，我对着抽屉里的几盒喜糖发起了呆，由于平时不爱吃糖，所以这几盒喜糖被我打入了"冷宫"。我正在想如何处置它们，学校保安笑嘻嘻地拎着一盒喜糖走了进来，说前两天他女儿出嫁，请我尝尝喜糖，顺便沾沾喜气。还没跟保安师傅寒暄两句，上课铃声就响了，我急忙走向教室。

　　新学期以来，四（1）班的孩子们上音乐课时总是很兴奋。播放乐曲时，他们都摇头晃脑，看似很享受、投入，实际上是在"忽悠"。我要求他们闭上眼睛静静地再听一遍，让心随着音乐走。可有些调皮的小家伙，要么故意做出假寐的样子，要么偷偷睁开眼睛四处张望，一看就知道那一颗颗不安分的心在躁动。孩子们听不进音乐，这让我气愤不已。

　　乐曲一结束，课堂立刻乱成一锅粥，孩子们干什么的都有：嬉笑的，聊天的，睡觉的……着实让我火大。特别是男生小亮，屁股下跟装了弹簧似的，连静坐一分钟也成问题。一首乐曲还没播完，他已在教室里换了五处座位，不是躺着，就是自顾自地玩耍，任凭我如何提醒都无济于事。我忍不住了，发出一声"狮吼"，喧闹的课堂终于安静了下来，但接下来的课堂时间里我心里还是憋着一口气。

下课后，我垂头丧气地回到办公室。

是不是我的课堂没有吸引力？是不是我对孩子没有足够的耐心？课堂管理的妙招是什么？……我问自己。突然，我的目光扫到了中午被我放在桌上的几盒喜糖，陶行知"四颗糖"的故事立即浮现在我脑海里，我的心中一阵窃喜。

两天后，又到了四（1）班的音乐课。我找到一个喜糖盒子，挑选了一些精美的糖果装进去，然后拎着一盒喜糖走进了教室。孩子们一看，好奇不已，七嘴八舌地议论开来。我没有解释，故意保留那份神秘感。一开课，我就和孩子们一起编了一首《糖果甜》，"糖儿甜，甜在脸上，甜进心里……"孩子们随着琴声唱起歌。我一边弹琴，一边默默地关注孩子们的一举一动。我发现今天他们上课比以往专注多了，连那个平时最喜欢窃窃私语的女孩，都在随着音乐轻轻摇晃身体，从表情可以看出她今天很投入。我想，应该好好鼓励她一下。唱完这首歌，我立即从喜糖盒里摸出一颗糖，走到她身边。

"真投入，奖励你一颗甜甜的糖果。"

其他孩子立刻对女孩投来了羡慕的眼神，就连始终坐不住的小亮，这时也回到了自己的座位上，把腰挺得直直的，似乎非常渴望得到一颗糖。

我又拿出一颗糖，孩子们的目光都集中在我的手上。我走到小亮的身边，微笑着说："小亮，你能端端正正地坐在自己的位置上，老师也奖励你一颗。"

我很郑重地把糖递给小亮，他激动得脸都红了，双手接过糖，不停地点头。

"哇，喜羊羊的糖果！"

"多漂亮的糖果啊！"

"老师，我也想要！"

孩子们见我真的奖励糖果，纷纷表示也想得到一颗。

就这样，我第一次在四（1）班上了一节好课。整节课，孩子们的视线都聚集在我身上，认真听讲的孩子多了，积极发言的孩子多了，小亮也能安静地坐在自己的位置上，不再四处走动了，下课后，他还很贴心地给我拉开了教室的门，帮我关掉教室里的灯。

一颗糖，对今天的孩子来说真的微不足道。然而，如果放在特定的环境中，它就会被赋予独特的意义。每个孩子都有向上的力量，问题是谁给他一架梯子。今天，我用一颗喜糖给了孩子一架梯子，给了孩子积极向上的目标，也给了他每天进步一点点的动力。

"小红花"奖励制度，最终是通过给孩子们兑换个人或团队奖品实现的；而孩子们想得到那颗糖，是因为被同伴羡慕的那颗糖最甜。为了继续被同伴羡慕，孩子们会生出动力，这股力量促使他们向前、向好发展。

有目标才会有竞争，有竞争才会有动力。建立和推行奖励制度，班级氛围和课堂氛围都能被有效带动起来。以奖励制度来激励孩子们，不但有利于教学的实施，更有利于帮助孩子们树立信心，健康快乐地学习和成长。

53. 小鲤鱼农趣园

　　我与学校老师一直致力于为孩子们创造机会，提供丰富多元的学习体验。校园围墙外那一块小小的园地，便是我眼中的教育宝地。这块地是学校向周边农户租下来的，我们将其命名为"小鲤鱼农趣园"，目的是让孩子们亲身参与农耕活动，在劳动中体验快乐，收获成长。

　　一个简短的开园仪式后，老师引导孩子们走进菜地，一一认领、承包划分好的片区并插上班级责任牌。孩子们戴上草帽，手握农具，满怀喜悦地开启了他们的劳动之旅，兴奋溢于言表。他们热情高涨地除草、栽种、浇水，用心呵护着班集体的那一块地，每一个动作都充满了对这片小天地的期待与热爱。我深知，这是他们接触自然、了解劳动的美好开端。

　　那段时间，我时常能听到孩子们热烈地交流关于农耕、种植的知识，分享自己的成果和收获。看到他们因劳动而绽放的笑容，我深感这个农趣园的价值非凡。

　　然而，随着时间的悄然流逝，情况逐渐发生了变化。孩子们原本高涨的热情慢慢消退，原定的劳动计划也渐渐被遗忘。农趣园开始变得荒芜，野草肆意生长，一片杂乱，与曾经的生机勃勃形成了鲜明的对比。

　　一天早晨，学生处朱老师和啄木鸟服务岗的同学们在巡逻时注意到农趣园被冷落的现象。我赶了过去，走进农趣园，看着散落的农具和野草丛生的菜地，心里满是感慨。啄木鸟服务岗的孩子们发出一声声叹息，他们和我一样，都还记得这里曾有的热闹景象。

"朱老师，我们要想办法让农趣园重新焕发生机，闪耀新的光彩。"服务岗队长坚定地说道。

"好，大家多出出好点子！"朱老师积极鼓励着大家，我也默默点头，期待孩子们能想出解决办法。

第二天，一支 30 人的农趣园改造志愿队迅速组建完毕。在朱老师的带领下，大家对杂乱的园地展开了大规模的清理。我也参与其中，和孩子们齐心协力去除地上的枯枝落叶和杂草，重新翻土……在劳动的过程中，我看到了孩子们坚韧的一面，他们不怕脏、不怕累，一心只为让农趣园重归美好。

整理完园地，志愿队面临着新的难题：一时的清理容易，长期的耕耘却困难重重。怎样才能维持农趣园的健康运转呢？志愿队的孩子们想到了科学老师，急忙把他请来现场，一同探讨解决方案。

最终，大家决定实施农趣园再生计划。同学们栽种了一些耐寒且适合本地土壤生长的蔬菜，在栽种过程中，他们认真对待每一棵菜苗，用心为它们提供成长所必需的养料。科学老师充分发挥专业特长，为农趣园设计了一个全新的灌溉系统，让每个孩子都能够轮流管理。师生们还制订了一份详细的计划，将除草、浇水、修建围栏、种植新的蔬菜等任务进行合理分配，责任到人，保证这个农趣园能够长期健康发展。经过长达数周的辛勤劳动，这个荒废的小农场终于重获生机。

这次改造农趣园的经历让我深刻认识到，农趣园的新生缘于教育目标的清晰明确，荒废则缘于教育定位的模糊不清。在今后的教育工作中，我们要更加注重明确教育活动的目标与意义，让每一个教育举措都能真正落地生根。

54. "作家书签"

在日常的校园巡查中，我总能感受到孩子们对知识的渴望和对校园活动的热情。一天，我路过一间教室，听到班主任张老师充满活力的声音："照片定格我们的美好瞬间，日记记录我们的点滴琐事，书签则见证我们与书籍共处的美好时光。今天，就让我们一起动手，制作一张自己心仪的书签吧。"

我驻足观望，只见孩子们个个热情高涨，纷纷拿出早已准备好的工具和材料，迫不及待地投入制作中。有的孩子选择用彩色卡纸制作书签，将卡纸裁剪成叶子、爱心、钥匙、卡通动物、蔬菜水果等各种有趣的形状；有的孩子在白色纸张上绘制鲜艳的图案，再将它们剪下来制成书签；还有的孩子收集落叶、废旧纽扣等材料，将它们制作成独具特色的环保书签。在张老师的悉心指导下，孩子们张开想象的翅膀，遨游在创意的海洋中，别出心裁地做出了一张张精美的书签。书签上的词语、名言，赋予了这些小小的物件全新的生命。看着他们专注的模样，我由衷地感到欣慰，这些充满创意的作品，正是孩子们丰富内心世界的展现。

书签做好后，孩子们互相点评、赠送，书签风靡了整个班级。这种分享和交流的氛围，也让校园文化更加丰富多彩。

这个月的班主任工作例会，轮到张老师担任"畅游童心"论坛的

在乎每一朵花

分享人。我坐在台下，认真听她讲述关于"班级书签"的微创新，这一分享打开了德育主任和各位班主任儿童化评价的思路。大家纷纷踊跃发言：

"应该在全校推行书签奖励制度。"

"应该把书签奖励制度与我们学校的童话特色、阅读活动进行整合。"

"学生评价应该形成体系……"

作为校长，我深知这些建议的价值，也积极参与讨论，鼓励大家大胆创新。经过深入的交流与探讨，"作家书签"评价机制应运而生，成为学校"小鲤鱼跳龙门"评价机制中的一项全新举措。学校开展"小鲤鱼跳龙门"评价活动，旨在引导学生以金近名篇《小鲤鱼跳龙门》中的小鲤鱼为榜样，争做新时代好少年。我们制作了 20 款书签，每一款上印有一位著名儿童文学作家的生平及作品简介。"作家书签"用于奖励学生个体在德、智、体、美、劳方面的突出表现，激励学生培养良好的道德品质、养成良好的行为习惯。学生在获得 10 张书签后，可以换取一枚银色小鲤鱼奖章，集齐三枚银色小鲤鱼奖章就可以换取一枚金色小鲤鱼奖章，书签和奖章的数量与学生期末评优挂钩。

"今天我要积极举手发言，争取获得两张书签。""我自愿担任讲台整理员。""我要主动弯腰捡纸屑。"争"作家书签"，做金色鲤鱼，已成为每个学生的自觉行动。看到孩子们积极向上的精神面貌，我知道这个评价机制正潜移默化地影响着他们。

为了体现奖罚结合原则，"作家书签"既用于正面奖励，也用于惩戒。如学生出现违纪现象时，可以罚其上交书签，从而引导学生改正错误，提升自律意识。为了让书签循环使用，有的班级巧妙地设立了

"书签银行"，并配有一位"书签行长"，班上的同学可以在"书签银行"进行书签的存取和兑换。奖惩情况在班级队角内进行动态公布。学校每月在年段"我又跳过龙门啦"仪式上对表现突出的学生进行集中表彰，我也会为孩子们颁奖，见证他们的成长与进步。

在浓厚的童话氛围中，以奖罚"作家书签"这样富有情趣的方式，及时评价学生的行为习惯、成长与学习情况，发挥德育评价的激励作用，能让学生享受收获的喜悦、进步的甜蜜与成长的快乐，使每一个学生的身心发展史都成为一部可读可藏、可圈可点的大书。

实践证明，"作家书签"评价机制采用争书签、集书签、换奖章的方式来开展教育活动，孩子们是喜欢的。未来，学校也将不断完善这一评价机制，让它更好地助力孩子们成长。

55. 我有一个梦

　　"我有一个梦，我想帮助伙伴们跳过更高、更大的龙门！""我有一个梦，我想当一名美术老师，用手中的画笔画出村里最美的人、最美的景……"金近广场上，"我有一个梦"建队节主题活动已拉开序幕，少先队员们纷纷说出了自己的梦想。

　　活动开始前，我鼓励队员们通过查阅资料、采访问答等方式深入了解"中国梦"的深刻内涵。课间，我经常看见队员们围坐在一起热烈讨论："把每个人的梦想集合起来就是中国梦。""我要加倍努力，不辜负老师的殷切期望。"……他们还用手中的笔认真写下自己的善良梦、勤奋梦、诚信梦……我明白，这些梦想将成为他们前进的动力，助力他们扮靓童话校园，共同迎接少先队员的重要节日——建队节。

　　10月12日下午，我早早来到金近广场，满怀期待地等待活动开始。一名少先队员和童话伙伴小鲤鱼、小蚱蜢的精彩互动表演，正式拉开了建队节活动的序幕。广场上的6棵桂花树被精心装点成了队员们的"梦想树"，124名新队员手拉手走上前，将承载着美好期盼的心愿卡郑重地装进"梦想瓶"，然后轻轻挂在"梦想树"上，那一刻，我看到了他们眼中闪烁的希望之光。

　　伴着舒缓的音乐，高年级队员在"梦想树"前为新队员系上鲜艳的红领巾。当那红旗的一角在胸前飘扬时，新队员们的激动与自豪之情溢于言表。"有了梦想的翅膀，我会飞得更高。""红领巾，我一定会争光！"听到多名新队员用稚嫩却坚定的语气表达此刻心情，说出自己的梦想，我由衷地为他们感到高兴。

三、四年级的"梦想时装秀"同样精彩。我站在一旁，饶有兴致地观看队员们展示利用废旧材料为"未来的自己"制作的独特行头。未来小医生用旧布料、废金属、塑料袋制成的白大褂、听诊器和药品盒，造型独特且做工精巧；未来宇航员用泡沫塑料和锡纸打造的航天服，新潮时尚；未来小厨师给自己做了高高的厨师帽，他用塑料管、旧金属做成的厨具，造型逼真……孩子们穿着这些创意十足的"未来服饰"，自信潇洒地走在红毯上，尽情展示着他们对未来的憧憬，现场观众的喝彩声此起彼伏，我也不禁为他们鼓掌叫好。

五、六年级的队员们从学期初就开始设定自己的小目标，今天正式把小梦想装进心愿瓶。这项活动是我与老师们共同发起的，目的是让孩子们学会自我规划与挑战。梦想是孩子们成长路上的重要目标，而学期里的小梦想将成为一整个学期的能量源泉。学期末，我们将举行心愿瓶领取仪式，让孩子们开启自己的心愿瓶，回顾学期初确立的小梦想；老师们对实现小梦想的学生进行表彰，对暂未实现的同学加以鼓励。

看到队员们以这次活动为契机不断成长，努力学习、积极向上的内驱力被充分激发，我深刻感受到梦想的重要意义。我期待通过这样的活动，让梦想浸润孩子们的童年，让他们在追寻梦想的道路上一路繁花相伴。

在乎每一朵花

56. 多彩冰激凌

伴着热热闹闹的知了声和红蜻蜓的飞舞，孩子们又将迎来暑假。

午间，我和孩子们一起围坐在队活动室聊天。

我问道："同学们，你们觉得暑假最有意思的是什么？"

"学游泳！"

"睡懒觉。"

"吃冰激凌！"

一听到冰激凌，孩子们两眼放光，个个一副垂涎欲滴的样子。

"冰激凌是我的最爱！"

"有种冰激凌是火炬造型的，你们吃过没有？"

我内心一阵激动，有了，今年暑期少先队活动的关键词就用"冰激凌"。我当即把想法告诉了孩子们，他们顺着这个话题，脑洞大开，充满创意的点子一个接一个冒出来……

就这样，全校少先队员和"冰激凌"一起开启了缤纷的暑期实践活动。

三年级选择以"红色冰激凌"为主题，孩子们走进红色故事屋，回望历史，重温峥嵘岁月，并开展红色故事大比拼，一起分享抗日小英雄的故事。孩子们在活动中认识了王二小、张嘎、雨来、王璞等小英雄，"他们身上的品质值得我们学习，让我们以他们为榜样"。辅导员倡议大家为自己最钦佩的小英雄设计一张冰激凌卡片。孩子们纷纷开始寻找抗日小英雄们的故事和照片，还把榜样的优点和自己的目标写在设计的卡片上。活动结束后，孩子们将自己亲手设计的"红色冰激凌"卡片放入班级"红色冰激凌"柜中，让这些榜样陪伴他们学习的每一天。

四年级敲定的活动主题是"黄色冰激凌"。孩子们组成志愿小队，在村里寻找不文明现象，如乱扔垃圾、浪费水等。他们自编自创了一系列生动有趣又朗朗上口的提示语，如"小龙头，滴滴答，伤心流泪啦！""小点声，小草在睡觉。"……他们还主动联系村委会，将提示语制成"黄色冰激凌"标牌，时刻提醒村民践行文明。

五年级开展的"蓝色冰激凌"主题活动深受家长好评。孩子们积极参与"小鲤鱼畅游书海"活动，每人都为自己制订了一个暑期阅读计划。翻开一本本好书，孩子们既能体验读书的乐趣，又能和父母分享阅读感受，一起动手制作"蓝色冰激凌"阅读推荐卡。有的孩子精心美化自己的书柜、书桌，将自己的书、学习用品等整理得整整齐齐，还用精美的小饰品、小手工等装点书房，让书房的每一处都散发书香，最后用相机记录下自己的劳动成果。

暑期校本实践活动立足童心，激发活力，既关注孩子们的现实需要，尊重他们的兴趣爱好，又兼顾他们的长远发展。活动鼓励孩子们走出课堂，走向社会，在广阔的空间中探索、成长。这样开放式的实践活动不仅能激发孩子们的创造力和参与热情，更让他们的个性得到张扬，促进其全面发展。

57. 种植多肉植物

春天是万物蓬勃生长的美好时节，多肉植物也在此时尽情展现可爱姿态。看着校园里的植物随着春日的脚步逐渐焕发生机，我满心期待着一年一度的植树节的到来。它不仅是一个种树的节日，更是一次引导孩子们亲近自然、培养责任感和环保意识的宝贵契机。

今年的植树节，我们策划了一场"手植春色，萌趣多肉"种植活动，地点就在充满生机的蓝莺园。活动现场热闹非凡，孩子们兴高采烈地朝蓝莺园中的"科学妙妙屋"走去。学生处的任老师身着充满春天气息的绿色衣服，发间别着一枚修长的绿叶发卡，化身应景的叶子老师，笑意盈盈地等着孩子们。她那充满亲切感的打扮一下子就拉近了和孩子们之间的距离。"科学妙妙屋"里布置得简洁又温馨，草地上铺着软软的垫子，长桌上也铺好了报纸。孩子们看到桌上摆放的一棵棵可爱的多肉植物、一只只色彩鲜艳的陶瓷花盆，兴奋之情溢于言表，一个个都迫不及待想要动手尝试。

活动开始，叶子老师手托一棵多肉，引导孩子们细心观察。在师生热烈的互动中，孩子们逐渐了解了多肉植物的形态特征、主要品种和生长特点。原来多肉植物的品种如此丰富，有丰腴的白牡丹、娇小可爱的小米星、美丽娇俏的吉娃娃……从营养土的选择到养殖方法，叶子老师详尽的介绍让孩子们对多肉种植有了全新的认识。我在一旁听着，也不禁被这些有趣的知识所吸引。

接着，叶子老师示范如何将多肉植物移植成一盆漂亮的小盆景，孩子们都目不转睛地盯着老师的一举一动，生怕错过任何细节。终于，最令人期待的多肉盆景制作环节开始了。在老师的指导下，孩子们饶有兴致地忙碌起来。他们精心挑选自己喜爱的多肉，小心翼翼地将它们移植到花盆中，那专注的神情仿佛在做一件无比重要的大事。随后，孩子们运用自己独有的创意，为盆栽搭配上色彩各异的栅栏、灵巧的小白兔、斑斓的蘑菇等装饰。不一会儿，一个个小小的充满童趣的童话世界便跃然眼前。孩子们还给自己的多肉盆景作品取了"红舞鞋""鹿的铃铛""绿雨蝶"等充满诗意和想象力的名字，有的孩子还贴心地给盆栽插上写着多肉植物养护技巧的小卡片。这些小小的举动，无不体现着孩子们对自己作品的珍视和对多肉植物的关爱。

交流环节，孩子们畅所欲言：

"我被多肉顽强的生命力感动了。我要用心呵护这个小生命！"

"我要把它养在家里，让家里生机勃勃！"

在这个阳光灿烂的日子里，多肉种植活动给孩子们带来了别样的欢乐。选土、修根、装盆、浇水……每一个步骤都由孩子们亲力亲为。通过这次活动，孩子们获得了成就感，也增强了自信心和责任感。

我相信，通过劳动实践，孩子们能在潜移默化中提高爱护植物、保护环境的意识。希望这些多肉盆景能在孩子们的精心呵护下茁壮成长，也希望孩子们能在与植物的亲密接触中，更加热爱大自然、热爱生活。

58. 假日文化博览会

开学第一天，我在校园中漫步，发现孩子们在学校的"童星街"上、班级的"星光走廊"中忙得不亦乐乎：拉长线、挂夹子、贴作品……人人都在为一场"送给春天"的假日文化博览会而努力。

为了让孩子们度过一个有意义的寒假，在实践中增长见识，提升能力，体验成长，学校为孩子们制订了快乐过寒假的"多彩套餐"。孩子们可以自发组建假日活动小队，参与学校组织的各种假期活动，争做"假日小百灵"。

假期中，有的小队参与了"红色文明餐"活动，队员们喊着"干干净净迎新年，开开心心过大年"的口号，在家里、村老年活动室等地方进行大扫除，还积极清理绿地垃圾、公共场所堆积物等。有的小队选择了"我是安全小卫士"活动，队员们走街串巷，提醒街坊邻居注意防火、防盗、防触电、防传染病、防煤气中毒、防交通事故等。有的小队选择了"橙色学习餐"，为自己制订好学习计划，保质保量地完成寒假作业，并积极参加"小鲤鱼畅游书海"活动，广泛阅读经典——有的队员还邀请家长和自己一起读书，写下阅读感悟，并与家人一起制作好书推荐卡。还有的学生热衷于"绿色健康餐"，他们选择自己喜欢的运动项目，例如跳绳、踢毽子、打篮球、转呼啦圈，每天坚持和家人或小伙伴一起运动打卡，及时记录自己的运动收获。

按照学校的活动要求，每个小队都要用手抄报展示假期活动成果。于是，孩子们运用布料、卡纸、照片等材料精心设计手抄报，这是他们为春天和新学期准备的一份特别的礼物。

学校将"童星街"展览区设置在围墙边，并放手让孩子们自主布置，这片区域成了孩子们最好的展示舞台。孩子们纷纷把记录着假期活动成果的手抄报拿出来，张贴在合适的位置。不一会儿，"童星街"上的作品琳琅满目，它们形式多样、内容丰富、色彩纷呈、各具特色。

"瞧，这是我们小队的作品，漂亮吧！"

"这张手抄报上有我刚写的童话，你来看看……"

"童星街"展示着孩子在假日活动中取得的丰硕成果。同时，各班还将教室走廊打造为"星光走廊"展示区，展示形式和主题由各班师生自行确定。四（3）班的"小小葫芦星"展示区里，张贴着班上运动达人的打卡照；三（3）班的展示栏则布置成了"神奇的故事屋"——白雪公主的家，显得活泼、童趣。

心有多大，舞台就有多大。热闹的"童星街"和"星光走廊"，已经成为记录孩子们成长点滴的美好乐园。假日文化博览会给了孩子们一个展示的舞台，让他们的寒假活动成果集中亮相。从假日活动小队的组建，到各种寒假活动的开展，再到假日文化博览会的举行，这一系列行动锻炼了孩子们的社会实践能力，培养了孩子们的文明意识，提升了他们的审美素养。这样的假期活动，怎么会不受青睐呢？

59. 热闹书市

"'小鲤鱼书市'开市喽！"这个激动人心的消息在校园里传开了。我站在办公室的窗前，看着孩子们沸腾的模样，内心满是欣慰。多年来，开设"小鲤鱼书市"已成为学校的传统，目的就是引导孩子们从小爱书、看书、分享书，营造浓厚的书香氛围。

我走出办公室，来到热闹的书市。书市入口处，挂着一条写着"爱阅读的毛毛虫"的横幅，孩子们纷纷在横幅上签下自己的名字，表达他们对阅读的喜爱。只见孩子们纷纷抬桌子、搬凳子，兴致勃勃地搭建书铺。他们把书铺装扮得富有创意，里面的书籍更是琳琅满目：不仅有儿童文学，还有与戏曲、体育、手工制作等有关的各类图书。书铺的名字也各有特色："哈利风波"充满奇幻冒险的色彩；"Happy 绘本馆"中西结合；"萌萌书虫"一听就是可爱风格；有的同学干脆给自己的书铺取名为"金近书城"，打出响亮的品牌。

"走过路过，别错过。买书送好礼，快来买呀！"

"买满两本即可获得一次抽奖机会，中奖率百分之百，快来买啊，过了这个村就没这个店啦！"

"我买两本，能不能打折？"

⋯⋯⋯⋯

此起彼伏的叫卖声、讨价还价声，让整个书市热闹非凡。有的孩子目标明确，询问着："这里有金近爷爷写的童话书吗？"还有的孩子在各家书铺里积极选购，时不时和同伴炫耀："你看，我买的书比你的多！"

书市上，顾客们来来往往，挑选着自己喜欢的图书。为了招揽顾客，书铺主人也是各显神通：有的贴出相关的宣传海报，精美的设计格外夺人眼球；有的用上小喇叭吆喝，声音响亮；有的制作了精美的书签，开展买书赠书签活动；还有的开展了有奖问答、"明星"促销、糖果促销活动……看着孩子们忙碌又认真的样子，我知道，"小鲤鱼书市"不仅是图书的交易活动，更是他们历练的好时机。

"这样的书市，真希望每周都有，太有意思了！"

"我买到了两本心仪已久的好书，接下来的时间里我一定好好阅读。"

书市活动的时间虽然短暂，但孩子们从中得到了极好的锻炼：从准备要出售的图书、给书铺取名字、设计海报和构思广告语，到采用各种方法招揽顾客、与顾客沟通等，他们使出了浑身解数，将书铺经营得有声有色。

我深知，书籍是人类进步的阶梯，是开启心智的钥匙。这次书市活动，不仅让孩子们手中闲置的图书流动了起来，帮助他们养成爱惜书、节约资源的好习惯，还让孩子之间有了更多的交流和互动，锻炼了他们的表达能力，更激发了他们读书的热情，给他们留下了美好的回忆。"小鲤鱼书市"让阅读的种子在孩子们心中生根发芽。

60. 我们爱戴七色花

知了的鸣叫宣告夏天的到来，孩子们期待的七彩假日就要开始了。我深知假期是孩子们成长的重要时段，与学校老师们商议后决定分年级、分主题开展"我们爱戴七色花"系列体验活动，引导孩子们学会生活、学会学习、学会快乐，让他们在假期中也能收获满满。

一年级的活动率先拉开帷幕，孩子们选择了"橙色花瓣·我知荣辱有多少"活动主题。他们围绕学校评选出来的"八荣"榜样人物，如热爱祖国的黑猫警长、崇尚科学的机器猫等，开展了丰富多彩的活动。他们认真地读榜样故事集，用稚嫩的笔触画榜样形象画，还欢快地唱榜样主题歌，甚至发挥想象编榜样游戏谱。看着他们专注的模样，我知道这些榜样的力量已经发挥了作用，真善美的种子已经被播撒在他们心田。

二年级的孩子们参与了"红色花瓣·我知历史有多少"活动。他们戴上红领巾，拿起小话筒，带着好奇与求知欲去翻开鲜红的历史书页：有的积极寻找身边的抗战老英雄；有的通过书籍、网络查询英雄的真实故事；还有的请爷爷奶奶讲述他们那个年代的故事。在老师的带领下，他们前往烈士故居、纪念碑、纪念馆等地追寻红色足迹，了解革命先烈的英雄事迹。这一趟趟红色之旅，让孩子们懂得了如今的幸福生活来之不易，厚植了他们的爱国情怀。

三年级开展了"粉色花瓣·我知孝敬有多少"主题活动，孩子们利用暑期看望长辈，努力为他们做一些力所能及的事。从帮忙打扫卫生、捶背到陪长辈聊天，他们用行动尽自己的孝心，也从中明白了"自己的事要自己做，不会做的事情要学着做"的道理。同时，他们还积极投身社区的各种有益活动，争做"爱心小鲤鱼"。不论是参加爱心帮扶活动为老人们排忧解难，还是协助爸爸妈妈打理家务，他们都在付出中收获了成长，懂得了关爱他人。

四年级以"黄色花瓣·我知安全有多少"为主题，围绕如何度过一个安全、健康的假期展开讨论与实践。我看到孩子们一起唱响暑假安全歌，争做生活中的有心人，仔细排查生活中的不安全因素并及时寻找解决办法。他们围绕安全主题编童谣、绘制小报，还召集低年级小朋友，耐心地给他们讲生活中用电、用火等方面的安全小知识。这些举动不仅让他们自己增强了安全意识，还将安全知识传递给了更多同学。

五年级和六年级参与的"紫色花瓣·我知创造有多少"主题活动取得了显著成效。在假期里，我看到了孩子们敢于创新、乐于创新的一面，他们的创新能力得到了显著提高。在实践活动中，他们结合实际，动手动脑进行"三小"作品的创作。有的孩子用巧手将坏鼠标改装成可爱的机器人，有的孩子设计出节水淘米篓，还有的孩子为防止书架倾倒发明了固定式书架……我由衷地为他们的奇思妙想和动手能力点赞。

在这次"我们爱戴七色花"系列体验活动中，孩子们在体验中成长，在实践中收获。他们有的学会了安排自己的生活，有的学会了更好地与人交流，有的懂得了团结合作的意义，有的体验了助人为乐的快乐，有的意识到了环保的意义和生命的重要性……这也正是我们开展这一系列活动的初衷。随着办学的深入，学校还会继续探索更多有益的活动，助力孩子们全面成长。

61. "小村支书农事讲坛"

我一直在思考如何让教育更加贴近生活，让孩子们在遨游知识海洋的同时，也能感受到真实的乡土温度。一次偶然的机会，我在校园里看到孩子们对农作物表现出很强的好奇心，一个想法在我心中萌芽——何不开展一场特别的农事教育活动？就这样，"小村支书农事讲坛"应运而生。

新学期首次升旗仪式上，首场"小村支书农事讲坛"开讲了。担任本期"小村支书"的是五（2）班的班长许超，他站在台上，和扮演"小麦""韭菜"的同学精彩互动。

一周前，五（2）班接到了组织首场讲坛的特别任务。班上组建活动小队，开展"认识农作物"调查，结果发现，竟然有很多同学分不清韭菜和小麦这两种常见农作物。于是，队员们相约前往麦田和韭菜地进行实地观察。他们把挖来的韭菜和小麦放在一起对比，有的孩子甚至用嘴巴尝，得出结论：韭菜是辣的，麦苗不辣但有涩味。

活动现场，许超扮演的"小村支书"绘声绘色地讲述了当季农作物的生长情况，还拿出篮子让其他班同学辨别韭菜和小麦。就在大家困惑时，"小麦"和"韭菜"上台一本正经地自我介绍，逗得全场哈哈大笑，也让孩子们轻松学会了辨认这两种农作物。看着孩子们脸上洋溢着的笑容，我知道，我们走对了路。

此后，"小村支书农事讲坛"每周举行一次，内容多样。有的"小村支书"重点讲解农具，他们收集农具带到讲坛上，现场讲解并邀请同学上台体验，让更多人了解传统农耕工具，感受劳动人民的智慧。四（1）班的徐同学体验后感慨："这次讲坛，让我认识了很多从没见过的农具，了解了它们的各种用途，也体会到了农民伯伯的辛苦。"有的"小村支书"关注农事谚语，他们通过上网查询、请教老农等方式搜集谚语，理解含义后分类归纳。这些谚语反映劳动人民生活，总结了实践经验，对农事活动有很大指导作用。

通过"农事讲坛"，我们引导学生开展农事体验活动，树立劳动最光荣的观念，感受人与自然和谐共生，让他们在多元化、课程化的活动中，获得"有研、有趣、有思、有悟"的劳动教育新体验。

学校注重培养孩子悯农、爱农意识，除了"小村支书农事讲坛"，我们还联合村委会开展了许多活动：开辟"我们都说家乡好"文化墙，展示施教区9个村的简介和特色；每学期到村举办乡村文化节，活动涵盖农事种植、民俗体验等内容；开设"家乡美"等栏目，让孩子们讲述村里的新变化；寒暑假开展"小鲤鱼游家乡"活动，让孩子们制作家乡新貌小报；每年春游组织全校师生参观施教区的9个村……

这些别具特色的农事教育活动，丰富了孩子们的童年，激发了他们知农、爱农、兴农的热情。看着孩子们在活动中成长，我坚信，我们正为他们的未来种下一颗颗美好的种子，让他们懂得感恩农村，热爱劳动，立志振兴乡村，回报这方养育他们的热土。

62. 星星树在闪烁

在一次偶然的课间巡视中，我看到几个孩子因为帮助同学搬重物而受到大家的称赞，那一张张纯真又自豪的笑脸，让我意识到，我们需要这样鲜活、能激励孩子们的评价方式。于是，"星星树在闪烁"主题评价活动的构想在我心中逐渐成形。

我将这个想法传达给学校少先队大队部，十一月初，这场充满趣味、富有意义的活动正式发起，由大队部设置的童话王国活动部具体执行。午间，学生干部们热情满满地邀请了多名辅导员一同参与讨论，写活动倡议书、制定评价细则、构思展示形式，大家你一言我一语，思维的火花不断碰撞，辅导员们也不时提出指导意见。

经讨论决定，由活动部下设的黑猫警长监察社、小白鸽宣传社、小喜鹊礼仪社、小蜜蜂学习社等社团的社员们，佩戴鲜艳的绶带，利用课间、午间，在校园的各个角落开展文明礼仪、安全守纪等方面的检查，寻找校园中"愿做小事、乐做美事"的优秀榜样，并将他们的事迹记录在一颗颗小星星内。黄星星代表文明礼仪，蓝星星代表积极进取，红星星代表乐于助人，绿星星代表保护环境，黑星星代表诚实守信。每一颗星星背后，都藏着一个温暖人心的故事。

四（1）班的王浩扭伤了脚，陈晓琳同学主动站了出来，当起了他的贴心"小助手"。交作业时，她帮王浩将作业交给老师批改；午餐时间，她帮他盛好饭菜；上体育课，她还把自己心爱的课外书借给王浩，让他一个人在教室时不那么无聊。不仅如此，陈晓琳还默默接过了王浩作为班级电灯管理员开关电灯的任务，一次都没落下。我看到这颗代表乐于助人的红星星，内心满是感动，为孩子的善良与担当感到骄傲。

五（3）班的陈佳莹原本性格内向，不敢在众人面前大声说话。有一天，老师找到她，希望她能担任讲解员，为客人老师们介绍金近纪念馆。这可把她吓坏了，妈妈和伙伴们不断鼓励她："别害怕，只要用心，就一定能成功。"于是，她每天一有时间就认真练习。活动当天，看到众多客人老师，她还是紧张得腿发抖。班主任轻轻拍着她的肩膀，温柔鼓励："就当是讲给老师听，相信自己，你一定行。"陈佳莹逐渐镇定下来。轮到她时，她勇敢地走向客人老师，开始了介绍……听到客人老师们由衷的赞扬，她笑得比阳光还灿烂。她说："从那天起，我相信只要勇敢迈出第一步，就离成功更近一步。"这个代表着突破自我、积极进取的故事，被记录在蓝星星里，也深深刻在我的心里。

如今，整个金近广场"星光闪闪"，一群又一群学生围着6棵桂花树，望着树上的一颗颗小星星热烈讨论。"这颗黄星星是我的，表扬我能主动弯腰捡纸。""这颗星星是我的，因为我爱护红领巾，能唱好国歌。""这颗绿星星是咱们班小王的，他可是我们节水节电的榜样……"听着这些话，我心中暖洋洋的，星星树在闪烁，孩子们在成长。

像"星星树在闪烁"这样富有情趣的评价活动，让孩子们真真切切地享受到成"星"的喜悦，感受进步的甜蜜，收获成长的快乐。看看孩子们在活动中不断进步，我更加坚定，要探索更多这样的教育方式，让每一个学生自觉地向善、向美、向好。

63. 迎新购物节

"新年好呀，新年好呀，祝福大家新年好……"欢快的旋律响起，我站在操场边，看着小鲤鱼舞蹈队的同学们活力满满地载歌载舞，器乐社的孩子们激情澎湃地敲锣打鼓，心中满是喜悦。购物节作为学校每届童话节的收官活动，不仅是迎接新年的仪式，更是孩子们展现自我的舞台。

活动开始，我代表学校向一直以来关心、支持购物节活动的家长义工们颁发"公益致敬"证书，真诚地感谢他们的信任与付出。正是因为家校紧密合作，我们才为孩子们营造了一个充满爱与欢乐的成长乐园，让他们拥有美好的校园时光。

当我宣布购物节正式开始时，孩子们兴奋地欢呼："购物，购物，go，go，go；购物，购物，go，go，go，yeah！"我看着他们迫不及待地奔向操场上临时搭建的店铺，期待着他们在这场活动中的精彩表现。

孩子们用广告伞篷、桌椅、小彩旗等精心布置活动区域，还为自己的店铺取了一个个充满童趣和想象力的名字，如"三个月亮""糖人屋"等。此外，宣传单、海报、广告标语也一应俱全。每个店铺的布展形式和主题风格各不相同，货架上的商品令人目不暇接。店员们为了吸引顾客，有的伴着音乐欢快舞蹈，有的激情弹奏吉他，还有的穿上卡通服饰与顾客热情互动，真是创意无限。他们热情高涨，扯着嗓子卖力吆喝，和"抠门"的顾客讨价还价，那股认真劲让我忍俊不禁。

购物节流通的是校园"葫芦币"，这是孩子们平时在学习、生活中通过优秀的表现获得并积攒下来的。看到他们用自己努力换来的"葫芦币"去体验购物带来的喜悦，和伙伴们分享快乐、一起奉献爱心，我由衷地为他们感到高兴。

购物节设置了"跳蚤街"和"美食坊"两个区域。在"跳蚤街"，我看到同学们拿出自己闲置的图书、学习用品、玩具，还有充满创意的小发明、小手工等，一一陈列出来。班级辅导员和评估员们认真地评估、登记，列出商品清单和价格表，将商品分类摆放。在这个过程中，孩子们学会了资源再利用，增强了环保意识，收获满满。而在"美食坊"，糖人、爆米花等美食散发着诱人的香气，还有梁湖年糕等上虞传统美食，散发着浓浓的乡土文化气息。看着孩子们品尝美食时满足的表情，我相信他们也感受到了饮食文化的魅力。

活动中，四（1）班那个出了名的"热心哥"陶同学引起了我的注意。他拿着喇叭四处奔走，为生意冷清的店铺招揽顾客。"淘淘乐，乐陶陶，走过路过，千万不要错过！""机不可失，时不再来啊！"……他那响亮的吆喝声回荡在校园，在他的努力下，一家家店铺都热闹了起来。

六（3）班的汪同学同样让我印象深刻。她制作了一个募捐箱，带着它在店铺间募捐，希望用募集到的物资在校园里建一个爱心角，帮助有需要的小伙伴。同学们都积极参与：有的同学毫不犹豫地把珍贵的"葫芦币"投进箱子里，有的同学把刚淘到的心爱物品塞了进去，甚至还有的同学忘记了自己是来购物的，也加入了爱心募捐的队伍。那一刻，我被孩子们的善良和爱心深深打动。

购物节结束后，看着各班班主任发到群里的一张张灿烂笑脸、一幕幕生动掠影、一个个温暖故事，我意识到，这场活动给孩子们提供了体验各种角色、提升交际能力与合作能力的机会，让他们增强了生存的本领，也收获了友谊。

　　一周后的班会上，我参与了师生们对购物节的复盘。孩子们热烈地讨论着如何正确使用每一笔资金，班主任借机引导他们形成正确的消费观和生活观。看着孩子们认真思考的模样，我知道，购物节不仅带给他们欢乐，更为他们的人生旅途留下了宝贵的财富。

64. 书签大变脸

我一直关注着学校各项教育举措的实施与成效，"作家书签"评价机制便是其中一项。刚开始推行时，孩子们对这套机制满是新鲜与好奇，可没过多久，我就发觉他们的热情逐渐消退了。一次课间，我在走廊听到几个孩子小声议论："又是一样的书签，都没什么意思了。"这让我意识到，"作家书签"评价机制需要优化了。

不久后，有一位班主任找到我，提出了书签大变脸的活动设想，我当即表示赞同。我深知，只有不断创新和改进，才能让教育评价机制持续发挥激励孩子的作用。

各班班干部在老师的指导下，迅速展开专题问卷调查，征求大家对书签设计的意见。调查结果显示，绝大多数孩子渴望拥有自己设计的书签。孩子们总是充满活力和创意，让我由衷地感到高兴。

活动开展得热火朝天，我时常抽空去各个班级转转，欣赏孩子们的奇思妙想。王佳倩同学把得意画作贴在书签背面，黄银丰同学将跳动的音符作为书签点缀，吴囡囡同学设计的花瓣雨书签充满文艺气息……每一张书签都独一无二，彰显着孩子们的个性。

祝佳芸同学拿着小鲤鱼形状的书签，认真地向我介绍："校长，金近爷爷笔下的《小鲤鱼跳龙门》让我懂得只有勇往直前才能克服困难，我希望拿到这张书签的同学也能像小鲤鱼一样勇敢。"王微囡同学眼里闪着光，兴奋地展示着她的小蜜蜂书签："书签背面是我发表过的作品，我想和大家分享我的快乐！"

开展书签大变脸活动以来，孩子们对书签评价机制的热情更高了。孩子们手上流动着的个性书签，形式新颖，内容丰富多样，有名人语录、名家介绍、班级荣誉录，还有孩子们自己的作文、书画等。在教室的书柜旁，孩子们精心布置的书签角成了课间最受欢迎的地方。他们经常围在书签角认真欣赏着一张张书签，小声讨论着，寻找着超越的目标，那种积极向上的氛围让我十分感动。

从书签"变脸"方式的确定到书签的制作，再到书签角的布置，孩子们全程深度参与。看着那一张张独具匠心的书签、一个个精致的书签角，我惊叹于他们无限的创造潜力，也感佩于他们随时迸发的灵感。这让我更加真切地体会到：好的教育需要放手，要给予孩子们足够的空间，让他们在自主探索和创造中不断成长。

65. 宝葫芦的秘密

"我们是共产主义接班人，继承革命先辈的光荣传统……"伴随着嘹亮的歌声，一堂以"宝葫芦的秘密"为主题的少先队活动课拉开了帷幕。学校向来注重少先队活动，我也格外关注少先队活动课，经常走进课堂，了解队员们的活动情况。

一开课，大队辅导员朱老师就右手托着一个大葫芦，左手展示着一本《宝葫芦的秘密》，问大家："如果你有一个宝葫芦，你会想用它来做什么？"

这一问，队员们一下子讨论开了。

"我想让宝葫芦变出一个能够自动打扫校园卫生的机器人，这样我们的校园就能一直保持干净整洁。"

"我想让宝葫芦变出一颗能让人快乐的小丸子。"

"我想让宝葫芦变出一个绿色安全的海洋环境，这样，海洋生物就能一直快乐健康地生活下去。"

…………

朱老师竖起大拇指夸赞队员们。

本次少先队活动课，辅导员按照"红领巾奖章"争章活动要求，引导队员们积极参与关爱他人、奉献社会的活动，鼓励大家积极争获"奉献章"。为获得这枚奖章，队员们分成四小队开展了寻访活动，通过各

在乎每一朵花

种途径，寻找各条"战线"上的榜样人物。

结课时，朱老师请各小队将研学成果进行集中展示。

科研小队找到的榜样人物是"杂交水稻之父"——袁隆平，他是中国杂交水稻事业的开创者，是当代"神农"。多年来，他始终在农业科研第一线辛勤耕耘、不懈探索，运用科技手段战胜饥饿，为人类带来绿色的希望。队员们纷纷表示，从袁隆平爷爷身上看到了甘于奉献、勇于创新的精神。

航天小队找到的榜样人物是"摘星星的妈妈"——王亚平，她是中国首位进行出舱活动的女航天员，也是中国首位"太空教师"。小队队员表示，王亚平阿姨是不怕艰苦、不惧牺牲、始终坚持梦想的航天英雄，值得我们尊敬。

教育小队找到的榜样人物是时代楷模——张桂梅，她是云南省丽江华坪女子高级中学的创办者、校长，被评为"全国优秀共产党员"。小队队员表示，张桂梅校长是为改变山区女孩命运而不懈奋斗的教育楷模，她坚韧不拔、无私奉献的精神值得我们学习。

最后展示的是乡村小队，队员们带着问题走访了学校附近的祝温村，深入了解祝温村党总支书记——杭兰英奶奶的先进事迹。杭奶奶几十年如一日，从一件件小事做起，苦干实干，发扬无私奉献精神，带领全村干部群众团结拼搏，艰苦创业，把祝温村建设成远近闻名的新农村建设示范村。

四个小队展示汇报之后，朱老师播放了视频，展示了党员教师、保洁阿姨、家委会成员、大队干部、中队干部奉献爱心、服务村社的劳动场景，让队员们感受到美好的世界其实就是奉献的结晶，同时深刻认识到，这世界永远需要热心肠。

看完视频，中队长起身说："请伙伴们一起想一想，中队里、校园里、家里和社区中需要设置哪些奉献岗位，我们能够做些什么？"大家都觉得中队长的提议很不错，纷纷展开讨论，并当场设计了一张宝葫芦奉献岗争章卡，上面清楚地列出了岗位名称和服务内容。十分钟后，校园安全监督岗、班级图书借阅登记岗、家庭节水节电岗、社区垃圾分类宣传岗等一系列奉献岗应运而生。

　　一堂少先队活动课就这样结束了，但我相信，通过这堂课播下的奉献之种，一定能在孩子们的心田生根发芽。

66. "美德宝葫芦"

根据孩子们设计出来的卡通葫芦形象，我们在校门口两排香樟树中间建了一个充满童趣的葫芦屋。每周二的午间，我都能看到孩子们排队进入这个神奇的小屋寻找快乐。

葫芦屋的门很特别，形状是一个可爱的卡通大葫芦。走进小屋，里面挂满了五颜六色、大大小小的葫芦，大家叫它们"美德宝葫芦"，上面写着不同的内容，或赞美身边的美德伙伴，或展示感人的美德故事，或提议开展美德行动……有的学生会细数班级的美德小事，把它们记录在纸条上，一一装进相应的葫芦中；有的学生喜欢指着那些形态各异的葫芦，讲述身边同学的美德小故事；还有的学生想认识被评为"魅力美德小鲤鱼"的伙伴，和他们交朋友，与他们一起进步。

为进一步发挥"美德宝葫芦"的价值，使其更好地与学校长期实行的"作家书签"、各类奖章奖励机制相结合，我与大队部老师商议后决定，请师生们一起设计一套校园主题的美德币。不久后，美德币正式推出：以葫芦为造型，分为绿、蓝、红、黄、紫五种颜色，分别代表着从 1 到 5 的不同面值。学生可以通过多种途径来获取美德币：第一种，通过日常学习、行为上的优秀表现，获得书签、奖章，换取美德币；第二种，通过参加月度"美德小鲤鱼"评比，获得美德币；第三种，用家中闲置的玩具、图书等进行兑换。

等待进入葫芦屋的学生用整齐的队伍诠释着什么是谦让，什么是守纪；兑换物品时，学生们用自己的一言一行诠释着什么是诚实，什么是守信；担任美羊羊宣传员、小鲤鱼评估员、海宝保安等葫芦屋管理员的学生，用热情的微笑、细心的管理诠释着什么是责任，什么是奉献。

"美德宝葫芦"活动在金近小学持续开展着，深受孩子们的喜欢，也得到了广大社会人士的认可。2021年11月25日上午，一场特殊的捐赠仪式在葫芦屋中举行。一位化名"小清姐姐"的爱心人士得知葫芦屋的故事后，深受感动，表示乐意资助葫芦屋的建设，让更多孩子品尝到心怀美德、践行美德的甜果。

"你种真诚，我种善良……我们都有一颗真善美的心灵。那是你开的美德之花，这是我结的成长之果，这是我们共同经营的美德宝葫芦。"伴随着动人的歌声，孩子们小心地将小清姐姐的照片贴在葫芦屋中。他们纷纷表示，一定会把小清姐姐的关爱化作发奋学习、锤炼品德、立志成才的强大动力，以优异的成绩来回报她的关爱；同时继承和发扬中华民族的传统美德，多助人为乐，做品学兼优、德才兼备的新时代好少年。

67. "童话大派对"

　　"同学们，让我们接过金近爷爷手中的笔，续写更多、更美的童话；让我们插上想象的翅膀，努力创造形式多样的'新童话'……"这番话就像一颗投入平静湖面的石子，瞬间激起层层涟漪。孩子们展开热烈的讨论，当场组建活动小队，为即将到来的"童话大派对"出谋划策。我被教室里传来的动静吸引，看着孩子们充满朝气的脸庞，满心期待这场活动将带来的惊喜。后来，我通过班主任王老师了解到了活动的后续进展。

　　白白兔小队在小队长钟旅燕的带领下，翻出各自家中所有的童话书，经过一番讨论，最终选定将金近爷爷的《小鲤鱼跳龙门》搬上舞台。他们找来音乐素材，在计算机老师的帮助下制作乐曲，小队 8 个人依据故事情节编排舞蹈。这个过程困难重重，但他们没有放弃，一有时间就聚在一起讨论，遇到困难时，向音乐老师和舞蹈老师虚心请教，那股认真执着的劲头，让我十分动容。

　　粉粉猪小队的绘画高手们信心满满，丝毫不畏惧竞争。我曾亲眼见识过队员沈涟涟的绘画实力，拿到童话《西瓜屋》后，短短一小时，他便完成了一幅画着西瓜房子、里面睡着小猪和小猴的精美画作。我很期待他们在活动中的精彩表现。

　　灰灰象小队准备把班上的"童话大王"邵欣乐写的《寻找大象的

笑》改编成小品。他们精心制作了一个夸张的大象头饰，让高个子钟东良饰演大象。排练时，钟东良按照指令做动作，那滑稽的模样每次都逗得大家哈哈大笑。

…………

终于，在"快乐星期四"的下午，"童话大派对"在学校的小鲤鱼剧场开场了。白白兔小队率先登场，他们的舞蹈《小鲤鱼跳龙门》凭借精美的装扮、有趣的情节和投入的表演，瞬间吸引了全场师生的眼球。接着登场的是粉粉猪小队，他们现场绘制的童话连环画《西瓜屋》，笔触细腻、色彩丰富，让人眼前一亮。随后，灰灰象小队带来小品《寻找大象的笑》，幽默的表演引得台下笑声不断。小青蛙小队表演双人相声《小青蛙醒来后》，两个小演员妙语连珠，收获了阵阵掌声。最后，小金猴小队表演的情景剧《小猴下山》为活动画上圆满句号。

活动结束后，在幕后花絮交流会上，孩子们踊跃发言。沈晶晶兴奋地说："这样的童话表演活动，大家都特别喜欢。以前想都不敢想，希望以后能有更多。"黄银银感慨："当了一回童话演员，才知道有多辛苦，不过还想再演，最好能表演给幼儿园的小朋友看。"一向腼腆的陈燕也鼓起勇气站起来分享："我发现自己胆子变大了，以前不敢在大家面前说话，现在都能在大家面前讲童话故事了。"班长总结道："这次活动让我们更团结了。灰灰象小队的几个男同学上个星期还因为座位的问题吵架，现在已经和好如初，还打趣说'大象'的座位就该大些，'小老鼠'的座位小点也没关系。"大家听了，都忍俊不禁。

在这场"童话大派对"中，原本停留在纸上的童话故事，经过孩子们的演绎，变得有声、有形、有情。其实，只要我们引导孩子们睁开发现的眼睛，建立创新的思维，平凡的校园生活也能绽放出别样的光彩。

68."机灵动感猴"

"噢伊噢伊哟，噢伊噢伊哟……"欢快的歌声传入耳中，我循声望去，只见一群孩子正随着迪斯科音乐扭动身体，跳着自编的舞蹈《机灵动感猴》，脸上洋溢着快乐的笑容。

后来我了解到，这群孩子和猴子还真有一段奇妙缘分。当时学校正在举办"鲤鱼迪斯科"擂台赛，大家争着要当擂主。班主任发动大家出点子，有孩子提议编小动物主题的迪斯科，又因班上不少同学属猴，便确定创编"小猴迪斯科"。孩子们兴奋极了，模仿《西游记》中孙悟空的动作，一会儿"上树"，一会儿"摘桃"，把小猴子的伶俐和调皮展现得活灵活现。最后，充满童趣的"小猴迪斯科"不负众望，在擂台赛上斩获第一。看到孩子们欢呼雀跃的样子，我由衷为他们高兴。

获奖后，班级士气大涨，几乎每个孩子都成了"机灵动感猴"，获得了大胆展示自己的信心和勇气。班主任宣布下周举行班委选举，竞选新一任当家"小猴子"，这个消息瞬间点燃了大家的热情，一个个纷纷为竞选做准备。怎样才能在竞选中脱颖而出呢？孩子们各显神通：张贴自我介绍海报、制订活动计划、准备表演节目，甚至还有同学悄悄给自己拉票。

竞选演说那天，我也来到现场。班主任话音刚落，顾佳如就如离弦之箭般跑上讲台，绘声绘色地演讲起来。台上的孩子使出浑身解数，说、拉、弹、唱、跳，表现自身特长，大胆展示自我；台下的孩子也激动不已，有的甚至把脚跨到桌子旁，摆出随时起跑的姿势，生怕落后。有个孩子喊出"给我一点信任，还你一份惊喜！"的竞选口号，引得同学们阵阵欢呼。

演讲结束后，紧张的唱票环节开始，"正"字的一笔一画都代表着同学们的信任，也牵动着参加竞选的同学的心。最终，7 名同学在激烈的竞争中胜出，成为新一任"小当家"。得票最高的同学感慨道："今天，我用真情赢得了同学们的信任；以后，我一定不辜负大家。"那些拉过票的孩子也意识到，赢得信任得靠真心为大家服务。

作为教育者，我们要关注每个孩子的独特之处，捕捉教育契机，引导他们发现自身的闪光点，并勇敢地展示自己，做自信的"小猴子"。

69. "蜗牛班"的春天

　　"蜗牛班"的故事得从三月说起。这个中队原先的队名并非"蜗牛"，而是一个听起来很不错的名字——"未来先锋"。在这学期的第一次队活动课上，孩子们提出要改中队名，理由是觉得"未来先锋"这个名字不能体现他们中队的特色，得取个更有新意、更贴切的。

　　那天，我正在进行新学期的教学巡查，恰好路过这个班级。我不想打扰到孩子们，轻手轻脚地站在教室后面，静静观察着这一切。面对40张满是期待的小脸，班主任黄老师微笑着说："既然要换队名，那就应该换一个大家都喜欢的。同学们有没有什么好建议？"黄老师的话音刚落，教室里瞬间沸腾起来，孩子们纷纷开动脑筋，想出了不少有意义的名字，比如象征热情开朗的"火焰"，象征紧密团结的"雁群"……可经过多轮讨论和投票，孩子们还是觉得这些名字不能体现他们中队的独特之处。

　　正当大伙绞尽脑汁时，一向少言的倪德敏同学缓缓说出自己的想法："我提议，叫'小蜗牛中队'。我觉得蜗牛身上有一股不屈不挠的劲。"

　　徐洋同学也站起来附和："我赞同，小蜗牛是特别可爱的动物。"

　　"我要一步一步往上爬，在最高点乘着叶片往前飞……"有的孩子甚至情不自禁地唱起了歌曲《蜗牛》。

孩子们越说越激动，在一阵热烈的掌声中，新的中队名——小蜗牛——诞生了。接着，黄老师趁热打铁，引导班级学生建立中队公约。大家遵循公开、公正、合理的原则，以小队为单位提建议，全班超半数同学同意就生效。最终，小蜗牛中队的集体公约确定了：遇事大家齐商量，同学有难一定帮，集体的事情一起做，集体的荣誉一起争，集体的特色一起创。

一天大课间，黄淼同学跑来问黄老师："您总是让我和小敏坐一块儿，我能不能和徐洋成为同桌呢？"

黄老师愣了一下，"同桌自己选"的想法一下子冒了出来。于是，在第二周的队活动课上，黄老师提出"同桌自己选"的建议。建议一出，孩子们纷纷响应，马上兴高采烈地选起了同桌。

然而，意外情况出现了，有几个孩子没找到同桌。黄老师向孩子们了解情况。孩子们纷纷说起了理由："张海红同学平时不爱讲话，我和她没啥共同语言，所以不想和她一起坐。""黄健同学学习成绩不好，在班上不受欢迎……"

听了孩子们的解释，我走上前，轻声对他们说："同学们，每个人都像一颗星星，有自己独特的光芒，我们要学会欣赏他人的长处，互帮互助，共同进步。"

这些话打开了孩子们的心扉，他们重新审视自身的优缺点，明白了自己需要什么样的同桌，别人需要什么样的伙伴。大家纷纷提出重新选择同桌。经过又一轮自由选择，各种组合出现了，有好朋友组合、竞争对手组合，还有课程互助组合……同学间的交往增多，各自得到肯定和帮助的机会也多了，快乐自然而然就来了。

玩，是能让孩子内心快乐的事。小蜗牛中队面向全班同学征集"快乐课间小游戏"。孩子们发挥聪明才智，积极行动、大胆创新，设计出了一个又一个既有趣又简单、安全的课间小游戏，其中既有创新后的传统游戏，也有新发明的童话特色游戏。下课铃声一响，就能看到孩子们快乐的身影活跃在校园各个角落。孩子们都说，这才是真正属于他们的快乐课间。

小蜗牛中队的孩子们在活动中一步步走向快乐，这让我更加坚信，快乐中队并非遥不可及。只要我们认真倾听孩子们的心声，善于挖掘孩子们喜爱的事物，一个个快乐中队就会如雨后春笋般涌现。

70. 科技挑战赛

今天天气阴沉沉的，天空中偶尔飘些雨点，可这丝毫没有影响孩子们的心情，因为今天学校将举行"叽里咕噜"科技挑战赛。这是本届童话节系列活动中参与面最广、学生们最期待的活动。

开幕式上，我先做了简短致辞，鼓励孩子们积极探索科学奥秘，勇于创新实践。随后，主持人运用多媒体设备，以图文并茂的方式进行讲解。从"两弹一星"到"中国天眼"，从载人航天到空间站建设……我国取得的重大科学成就，成功激发了孩子们的科学兴趣和爱国热情。

几位校园科技小达人依次登台进行科学小实验展示：会跳舞的纸屑、绚丽的彩虹雨、会"吃"鸡蛋的瓶子……其中最精彩的当数"大象牙膏"实验。只见一个高年级同学戴着橡胶手套，在量杯中倒入 100 毫升过氧化氢溶液，再加入少许发泡剂，用玻璃棒搅拌均匀，接着加入少许碘化钾溶液作为催化剂。嗖——泡沫在同学们的惊呼中喷薄而出，真像是给大象准备的巨型牙膏！精彩节目一个接一个，令人目不暇接。

开幕式结束，科技挑战赛正式开始。各年级分组进行不同项目的比拼，孩子们踊跃参加，活动现场热闹非凡。

一阵欢呼声后，三、四年级的"吸管桥承重赛"开启，孩子们纷纷快步冲上前，那架势仿佛要打一场硬仗。"各就各位，预备，开始！"随着裁判老师一声令下，各小组迅速行动起来。"我来穿'金字塔'，你们做桥身。""从桥墩开始，先打好基础。"组长们指挥着自己的团队，有条不紊地推进搭桥工作。比赛紧张地进行着，孩子们时而剪吸管，时而撕胶带，时而粘粘贴贴，忙得不可开交。很快，计时结束，各组作品都已制作完成。

孩子们展示着亲手搭建的"吸管桥"。这些桥不高，更谈不上雄伟，但每一座都承载着他们的汗水和希望。最终要检测桥是否坚固，运用的工具是一个个沉甸甸的砝码。孩子们按组别依次往桥上放砝码测重，10个，20个，30个……

"已经放了40个砝码，桥怎么还不塌？"

"再加一组砝码肯定倒！"

"太厉害了！都50个了还这么稳当。"

所有人都关注着这些"吸管桥"，参赛队员的紧张以及对胜利的渴望，也感染了围观的师生。有的小组搭建的桥很不稳，放上砝码后晃个不停，像醉汉般东倒西歪，那窘态惹得大家发笑。沉甸甸的砝码一个接一个往上放，有人惊叹，有人激动，有人惋惜……

五、六年级的比赛项目是"火箭炮发射"。比赛道具都很简单：一把椅子、一个空矿泉水瓶、一个小打气筒、一个塑料"炮筒"……我观察着各个参赛小组的准备情况。环顾四周，五（3）班同学们的"炮弹"格外引人注目：白色"炮筒"架在三脚架上，"炮架"上"小牛顿号"四个大字十分醒目，"炮架"下是黑白相间的车轮。看着这门逼真的"大炮"，我心想，"最佳创意奖"恐怕非它莫属。

激动人心的时刻终于来临，裁判一声令下，比赛开始。只见一个孩子将矿泉水瓶制成的"炮弹"放在发射器上，另一个孩子不停调整角度，同时猛踩打气筒，对装置进行加压，让炮筒迅速膨胀。大家都紧紧盯着，生怕错过任何细节。突然，嗖的一声，"炮弹"腾空而起。

"耶！"欢呼声响彻全场。

一张卡纸撕出新长度，一盒纸牌叠出新造型，一个鸡蛋护出新方法……这些科技活动充满趣味性与挑战性，既锻炼了孩子们的动手能力，也帮助他们增强学科学、爱科学、用科学的意识，培养探究精神。看着孩子们沉浸在科学探索的喜悦中，我相信这样的活动必将在他们心中播下科学的种子。

71. 快乐的秘诀

我给三（3）班的孩子们准备了一节题为"快乐的秘诀"的活动课。

一开课，我兴高采烈地宣布："同学们，今天我们要一起搭乘快乐巴士，去寻找快乐的秘诀。现在，让我们一起出发吧！"孩子们立马来劲了，伴着动感的音乐，双手模拟着转动方向盘的动作，酷似一个个颇有经验的司机，身子还不由自主地摇摆起来，喜悦和兴奋挂满了小脸蛋。

我问道："在校园里、家里、户外活动中，有哪些事会让你感到快乐呢？"

孩子们纷纷举起小手，争先恐后地分享着自己的快乐：有的说和家里人一起过生日很快乐，有的说参与献爱心活动很快乐，还有的说和班里的伙伴们一起劳动很快乐……我顺势在黑板上贴上了一张大大的笑脸，孩子们乐开了花，微笑着和笑脸打招呼。

"同学们，快乐巴士一不小心驶入了烦恼谷，我们必须勇敢地说出自己的烦恼，找到解决烦恼的办法，掌握获得快乐的秘诀，这样才能顺利驶出烦恼谷。大家有信心吗？"

孩子们立马紧锁眉头，似乎内心的烦恼一下子都跑了出来：有的说妈妈每天都要他学习，他很想看会儿动画片，却不被允许，真烦；有的说马上要跳绳测试了，可他只能跳 50 下，又要不合格了，真烦……这时候，小英站起来哽咽着说道："我爸爸妈妈要离婚了，我很难过。"

我不敢相信自己的耳朵，问道："小英，你说什么？"

"我爸爸妈妈要离婚了。"小英说完便伤心地哭了起来。

教室内顿时鸦雀无声。

我反应过来，赶忙引导孩子们："同学们，就像小英同学一样，当烦恼不请自来，我们又一时不能解决时，该怎么想、怎么做呢？"

随着我的转动，黑板上的笑脸变成了一张哭泣的脸。班上的孩子非常热心，纷纷为小英支起招来。

有的说："你应该分别和爸爸、妈妈聊一次，弄清楚他们为什么要离婚，还可以说说你的想法。"

有的说："如果自己一个人的力量有限的话，不妨请爷爷奶奶或者外公外婆一起来帮忙，缓和爸爸妈妈紧张的关系，让整个家庭回归平静。"

还有的说："即使父母真离婚了，但爸爸还是你的爸爸，妈妈还是你的妈妈，他们照样会关心你……"

在我的继续发问与引导下，孩子们继续寻找着快乐的秘诀。

"小英，当心情不好时，你可以读一本有趣的书"。

"难过时就哭出来，没事的，或者到没有人的地方大声喊出来。"

听到伙伴们用心地为自己的烦恼寻找解决方法，小英的脸上有了一丝笑容。

虽然大家支的这些招未必能帮小英解决家庭问题，但它们给小英和其他孩子传递了乐观、坚强的力量，让他们知道什么是面对烦恼和人生难题的正确态度，这正是这堂课的意义所在。好的教育不是注满一桶水，而是点燃一把火。

第四章

培植童乐园的沃土

72. "红船舫" 驶进校园

　　丁零零，下课铃响了。一群低年级的学生叽叽喳喳地簇拥着一个高年级学生来到学校蓝莺园的"红船舫"长廊里，聚精会神地听她讲英雄的故事。听故事的孩子们时而眉头紧锁，时而拍掌叫好，好不热闹。我也被他们吸引，驻足聆听。

　　5月4日，以"不忘初心，逐梦前行"为主题的党日活动在金近小学拉开了序幕。在实践活动中，学校党支部组建了"红船舫先锋岗"队伍，党员教师们立足校园文化特点，利用身边的红色人文资源，群策群力，开辟了一条贴近儿童认知水平的党建长廊，并为其取名"红船舫"。

　　"红船舫"长廊的形象代言人正是备受学生们青睐的童话人物形象——小鲤鱼。走进长廊，小鲤鱼带着学生们学党史，了解中国共产党的光辉历程。长廊上方挂着一颗颗闪闪的红星，上面展示着英雄人物的信息：在烈火中永生的邱少云、愿做一颗螺丝钉的雷锋、放牛娃王二小……徜徉在"红船舫"，学生们还能通过墙上的漫画和小故事了解老朋友杭兰英奶奶的事迹。杭奶奶不仅是全国劳动模范、全国优秀共产党员，还是金近小学的校管会主任，在她的带领下，祝温村和金近小学开展"村校结对"20多年。课余时间，学校小鲤鱼导游社的成员会轮流到"红船舫"长廊给大家讲红色故事。于是，"红船舫"成了孩子们课间的好去处。

党员教师们还在"红船舫"旁边的草坪上建起了一个"红星屋"，学生们可以坐在小屋里翻阅红色图书，学唱红色歌谣，观看红色影片。

学校根据区教体局提出的"一校一品"特色党建品牌创建要求，将党建工作与办学理念、办学特色相结合，让党建文化生动化，并在校园内落地生根。我们遵循"党建＋童话"的特色创建思路，确定"红船舫"为金近小学党建品牌，将红船精神融入学校文化建设中，将红色基因植入校园文化。

自"红船舫"党建品牌创建以来，学校党支部精心设计党建品牌阵地，着力塑造体现"红船精神"的校园景观，还积极利用金近纪念馆、党员自建园、党员先锋林等场地，增设红色主题文化展览，把学习、弘扬"红船精神"与校园文化建设相结合，建立健全"红船精神"进校园宣传展示平台，多措并举，让"红船精神"内化于心、外化于行。

73. 请"童话伙伴"来代言

今天是周一，一早收到教体局文件，要求各校深入开展社会主义核心价值观教育实践活动。今天也是学校行政会按例召开的日子，会上我向各位老师传达了文件中所提的要求，并就怎样才能使社会主义核心价值观教育形象化、情趣化与大家展开讨论。有的说以兴趣开路，找准切入点；有的说从细微处着手，找准落脚点……大队辅导员一句"还是请童话人物形象代言吧"，让我们仿佛看到了一道光。大家一起出谋划策，很快就拟定了以"请童话伙伴代言价值观"为主题的活动方案。

第二天午间，活动倡议通过学校小鲤鱼广播正式发出。各班班主任带领学生学习和理解社会主义核心价值观后，让孩子们自由组建小组，寻找贴合的童话人物形象诠释社会主义核心价值观，并说一说为什么要让其成为代言人。随后，孩子们利用剪贴、绘画等方式展示代言形象，并写下了推荐该形象代言的理由。

"我们小组一致认为，可以让《梨子提琴》中的小松鼠代言'和谐'，因为它将半个黄澄澄的梨做成了一把小提琴，这把小提琴发出的美妙音乐，使动物们都开始静下心来反思自己的不当行为，唤醒内心深处的善良，学会和其他小动物和谐相处。成为'和谐'的代言人，小松鼠当仁不让！"三（1）班学生代表的发言掷地有声。

四（2）班的同学们也积极推荐着他们的"代言大使"："我们推

在乎每一朵花

举《喜羊羊与灰太狼》中的包包大人作为'公正'的代言人。每当灰太狼在羊村捣乱的时候，每当'三恶霸'欺负森林里其他动物的时候，包包大人总会挺身而出，用它那又粗又长的大鼻子教训这些坏蛋。"他们的推荐理由打动了在场师生，让包包大人代言"公正"的提议全票通过。

二（2）班的学生代表也不甘示弱，向大家推荐他们选中的形象："我认为《稻草人》中的稻草人可以代言'敬业'，因为叶圣陶爷爷笔下的这个稻草人十分尽职，它从不贪玩，也不休息，安安静静地守着稻田。我认为它是代言'敬业'的最佳人选！"

…………

经过热烈讨论，最后大家决定请阿里巴巴代言"富强"，请小头爸爸代言"平等"，请熊大代言"法治"，请匹诺曹代言"诚信"……学校还把这些代言人展示在金近广场。原来，社会主义核心价值观的内容可以变得如此具体生动，这些代言人也成了校园里关注童心、体现童真、充满童趣的又一道亮丽风景线！

74. "八荣" 卡通形象

　　那是一个阳光格外明媚的春日，我像往常一样在校园里巡视，发现一大群学生把 10 米多长的宣传窗围得水泄不通。他们叽叽喳喳的讨论声引起了我的注意，我不禁放慢脚步，悄悄凑近，想要一探究竟。

　　有个学生兴奋地指着小报说："葫芦兄弟一起对抗妖精，他们就是团结互助的榜样！"另一个学生立马附和："对对对，还有黑猫警长，它勇敢地守护森林，保卫大家，是热爱祖国的典型！"……听着孩子们的讨论，我这才明白，他们这是在推荐自己心中的"八荣"形象代表呢。

　　那段时间，上级要求学校广泛开展以社会主义荣辱观为主要内容的教育活动。作为校长，我也在思索如何结合学校"童话育人"的办学特色，开展既具教育意义，又符合小学生认知的"学八荣，拒八耻"活动。为此，我和全校师生一同进行了一场别开生面的"头脑风暴"，最终确定了活动方案。针对小学生喜欢看动画片、读童话故事，还特别崇拜个别经典卡通形象等特点，学生处策划开展了"八荣"卡通形象设计评选活动——让同学们自己设计卡通形象，择优作为"八荣"的代表人物。

　　活动倡议一发出，立即受到了全校 1000 余名学生的积极响应。孩子们就像一个个充满创意的小艺术家，结合自己的阅读体验和审美认知，一头扎进了设计中。

我走进教室，想看看孩子们的设计进展。只见他们有的托着腮，皱着眉头冥思苦想；有的已经迫不及待地拿起画笔，在纸上勾勾画画，不一会儿，充满奇思妙想的卡通形象便跃然纸上。我走到一个孩子身边，他仰起头对我说："校长，小蜜蜂每天都勤劳地采蜜，不就是辛勤劳动的代表吗？"……看着孩子们一个个认真的模样，我欣慰地笑了，鼓励他们大胆创作，把自己心中最能代表"八荣"的形象画出来。

几天后，学生处将全校同学设计的卡通形象按班级划分，剪贴成一张张"八荣"形象专题小报，并在每个形象下面附上推荐理由，然后在宣传窗集中展出，请全体学生投票评选出校级"八荣"卡通形象。

经过一星期热热闹闹的展评，金近小学的"八荣"形象代表终于诞生了：热爱祖国的黑猫警长，服务人民的小公鸡，崇尚科学的机器猫，辛勤劳动的小蜜蜂，团结互助的葫芦兄弟，诚实守信的小鸟（出自课文《去年的树》），遵纪守法的唐僧，艰苦奋斗的老黄牛。

为让这8个卡通形象真正起到引领孩子们树立正确的道德观和价值观的作用，学生处还开展了一系列延伸活动："八荣"卡通绘画赛、"八荣"卡通故事汇、"八荣"卡通歌曲对决、"八荣"卡通游戏节等。学校还专门成立了"八荣"卡通角色体验岗，设立了小蜜蜂学习岗、黑猫警长监察岗、小公鸡服务岗、小鸟礼仪岗等岗位，并将校园里的8条小路命名为"八荣"卡通路。

可爱的卡通形象、鲜艳的绘画色彩、童趣的推荐理由，为童话校园注入了新的活力。此次活动通过生动有趣的卡通形象诠释"八荣"主题，达到了寓教于乐的目的。看着孩子们从中收获知识和快乐，我由衷地感到这些活动教育意义非凡，让校园呈现出不一样的风貌。

75. 新生入学礼

8月31日早上，温暖而柔和的阳光洒在金近小学的每一个角落，一场饱含爱意与期待的"我们一起跳龙门"入学活动即将开始。

为了迎接新入学的一年级萌娃们，党员教师们早早地来到学校。他们身着鲜艳的红马甲，忙碌的身影穿梭在学校的各个角落，有的在校门口引导车辆有序停放，有的仔细地进行安全检查，还有的在精心布置活动场地。大家都以最大的热情、最好的服务，迎接新生及家长的到来。

经过一系列严谨细致的安全检查，萌娃们用小手牵着家长的大手，满是好奇与兴奋地来到校门口。我早已等候在此，怀着满心的欢喜，蹲下身子，轻轻拿起一个个精致的小鲤鱼头饰，为孩子们一一戴上。当那小巧的头饰落在他们头上时，一个个小萌娃瞬间化身为灵动的"小鲤鱼"，稚嫩可爱的脸上绽放出无比灿烂的笑容，那笑容就像清晨的第一缕阳光，温暖了我的心窝。

9点整，备受期待的入学礼正式拉开帷幕。

第一站，勇跃龙门。"小鲤鱼"们在家长的陪伴下，迈着轻快又略带紧张的步伐，走向龙门造型的"入学门"。他们仰起小脑袋，眼睛一眨不眨地望着高高的龙门，竖起小耳朵津津有味地聆听《小鲤鱼跳龙门》的故事。龙门上，4个色彩鲜艳的泡泡特别引人注目，上面分别写着"我真""我善""我美""我新"，这可是跳过龙门的小法宝。之后，孩子们纷纷来到龙门下，小脸上写满了坚定与自信，猛地纵身一跃，小手努力地伸向自己钟情的泡泡。每当有孩子成功摸到泡泡，周围便响起一阵欢快的掌声，庆祝孩子成功跳过了"入学龙门"，即将成为真、善、美、新的"小鲤鱼"。

第二站，拥抱童话。家长们带着对孩子的不舍与对学校的信任，将"小鲤鱼"们郑重地交到带班老师手中。"小鲤鱼"们被带到金近先生的雕像前，眼神中充满了好奇与崇敬，认真地听老师讲述金近先生的生平事迹，一点点了解金近小学这所童话学校的独特魅力。随后，每个孩子都收到了一个由学校精心准备的"葵花袋"，里面装着一则关于金近先生的小故事和一根卡通棒棒糖——寓意着孩子们往后的学习之路将会如糖果般甜蜜。孩子们兴奋极了，我看着他们纯真的模样，心中满是对他们未来的美好期许。

第三站，放飞快乐。"小鲤鱼"们整齐地站在操场上，一起大声念响校训：和童话同行。那清脆响亮的声音，在校园上空久久回荡。紧接着，老师指引孩子们去学校设计的童话情境体验墙前自由活动。孩子们像欢快的小鸟般飞奔过去，有的眼睛一亮，毫不犹豫地选择了温柔的燕子姐姐；有的兴奋地指着跳龙门的金色小鲤鱼，眼中满是向往；还有的害羞地站在青蛙王子旁，露出甜甜的笑容……家长们纷纷举起手机或相机，定格自家孩子入学的珍贵瞬间。我也被这欢乐的氛围感染，和孩子们一起合影留念，记录下这美好的时刻。

第四站，畅游家园。各班教室里都设有一个别具一格的"鲤鱼池"，其实是将小鲤鱼形状的贴纸贴在池塘形状的背景板上，每条"小鲤鱼"身上都写着一个小朋友的名字，寓意孩子们像小鲤鱼一样，在这个大家庭里快乐嬉戏、成长。孩子们兴奋地在"鲤鱼池"前挤成一团，小脑袋凑在一起，仔细地寻找写有自己名字的"小鲤鱼"。找到后，他们小心翼翼地将贴纸摘下来，轻轻贴在自己胸前，小脸上洋溢着对小学生活的期待与憧憬。我知道，他们已经做好准备，要在这所充满童话色彩的学校里开启新的征程。

　　这场新生入学礼，童心盎然，童趣飞扬，处处体现着童话学校独特的办学理念，彰显着浓浓的儿童情怀。我坚信，人生的这个第一次，将如璀璨星辰，永久地定格在孩子们的生命长河中，成为他们成长道路上珍贵的回忆。

76. 家长义工

"教室里有了爱心伞真方便，我再也不用为下雨天没有带伞来学校而发愁了。""要记得及时来还伞……"一群在雨中撑着爱心伞回家的孩子开心地聊着。

看着这温馨的画面，我心中那股由雨天带来的烦闷逐渐消散，脑海中浮现出家长义工社的家长们在校园中忙碌的一幕幕。

孩子们使用的爱心伞是家长义工社的家长们自发筹集经费购买并赠予学校的。这批爱心伞共150把，都是红色的，印有家长义工社的社标图案，细心的家长们还为每一把伞标明了班级。

放完寒假，正月十六是学生正式报到的日子，也是新学期家长义工报名的日子。家长义工们戴着红色袖章，在校园里忙碌开来：搭起义工社报名咨询台，积极做好宣传、登记工作，让更多的家长了解义工社；提着水桶、拎着拖把打扫校园卫生死角；维持校门口停车秩序，热情地为其他家长及孩子答疑解惑……

2012年9月，秉着"真情无价，爱心无限"的宗旨，学校成立了家长义工社，邀请家长们利用业余时间，义务参与校内的各项工作。家长们纷纷报名，并根据自己的兴趣特长、工作时间等情况，组建了8个工作组：卫生清洁组、关爱行动组、安全保卫组、家校调解组、童话教育组、实践活动组、美化建设组和快乐社团组。加入义工社后，家长们用主动热情、乐观向上的态度和实际行动，诠释着义工社"奉献爱心，服务学生，提升自我，传播文明"的宗旨。有的家长自掏腰包购买清洁用品；有的家长不嫌脏、不怕累打扫校园，比打扫自己家里还用心；有的家长一人兼报了多个组，积极寻求参与活动的机会；还有的家长即使孩子毕业了也继续参加义工社的活动……他们还自筹经费为孩子们搭起了一个个遮风挡雨的爱心棚……新学期第一天，每一天放学时，甚至周末，都能见到家长义工们忙碌的身影。他们的爱心行动引领孩子们学真、学善、学美，已成为校园中一道动人的文明风景线。

家长义工们热衷于参与孩子们丰富多彩的校内活动：一月一主题的童话节传统活动，他们帮忙布置场地、担任活动评委，和孩子们同唱、同画、同演；社团兴趣课上，他们各显神通，教孩子们农作物知识、生活小窍门、琴棋书画小技能，还开设了灯笼制作、鸡毛毽子制作、手链编织等劳动实践课程。校外实践活动中，家长义工们则成了孩子们的安全好卫士、老师们的好帮手、活动的好导游。通过这些活动，家长们理解了学校，亲近了孩子，也提升了自我。

家长义工是学校利用社会资源开展教育工作的新探索，也是家校联手育人的新尝试。这一支来自校外、服务校内的有生力量，不仅拓展了学校教育资源，还打开了全方位、全天候育人的时空，对学生的成长起到了积极作用，具有重要的意义。

77. 童话节开节啦

"同学们，我们马上就要举行校园新一届童话节开节仪式啦。"

"童——话——节！"老师的话音未落，孩子们已经欢呼起来。大家兴奋得不行，你一言我一语，教室里瞬间炸开了锅。我路过教室，看着孩子们激动的神情，也被这热烈的氛围感染。

之后，老师开始组织大家竞选角色，同学们都高高举起手，生怕老师注意不到自己。最后，小静同学被选作扮演善良、勇敢的小鲤鱼，要知道，小鲤鱼可是金近小学最经典的童话人物形象。淘气包王萌被选作扮演小棕熊，他平常最喜欢的动物就是小熊了，胖胖的、萌萌的，可爱极了，这次他算是如愿以偿了。放学后，孩子们都迫不及待地开始动手制作头饰，想着怎样在童话节上一展风采。

童话节开节仪式那天，天公作美，阳光灿烂。校园里，孩子们戴着精心制作的头饰，穿着特色鲜明的角色服装，走在路上，神气极了。他们扮演的角色丰富多样：有天上飞的，有海里游的，让人感觉置身梦幻之境；有现代的，有古代的，使人仿佛在体验时空穿梭；有中国的，有外国的，让学校变成了一个小小的地球村。

在《嘀哩嘀哩》的欢快旋律中，两个孩子分别化作"小蜜蜂"和"小鲤鱼"，宣布童话节的开节仪式正式开始。一群可爱的孩子穿着各色动物服饰，模仿着小动物的姿势登上舞台。"小棕熊"王萌作为主要

211

成员，手捧上一届童话节的节徽，前来祝贺新一届童话节开节。接着，两只可爱的"小白鹅"在校园形象大使"小鲤鱼"的邀请下，抬出了本届童话节的节徽，节徽由两条高高跃起的小鲤鱼组成，寓意全校孩子都将在活动中跳过一个又一个龙门，收获一份又一份快乐。很快，"小金猴"们升起了漂亮的节旗，大家开心地唱起了童话节的节歌，在"花蝴蝶"的领舞下，一起跳起了童话舞。

舞蹈结束后，我走上台，微笑着对同学们说："孩子们，童话节是属于你们的节日，希望大家能在这个充满想象和欢乐的节日里，尽情展现自己，收获成长与快乐。"台下响起了热烈的掌声。

"芝麻芝麻，快快开门。"主持人轻轻念了一声口令，广场上的"童话王国"大门被徐徐拉开，一群身着古代服饰的"小书童"吟着诗歌从大门后欢快地奔出，带领着全校同学回顾了中国古典文学的精华。抑扬顿挫的声音，优美和谐的韵律，让同学们感受到了我国文化历史的悠久。《鲁滨逊漂流记》《水浒传》《海底两万里》《汤姆·索亚历险记》这四本书争"人气王"的表演、《皇帝的新装》故事剧等节目，生动体现了学校提倡的阅读多样化的理念。

仪式结束后，龙门造型的童话节活动安排表清晰地展示了本届童话节的12个系列活动的规划。本届童话节按季节分为绿色春天童话、红色夏天童话、金色秋天童话、银色冬天童话4个部分，每个部分安排3个子活动。围绕"与美的童话握手，跟真善美做朋友"这一主题，本届童话节将继续践行"童心、童真、童趣"的童话教育思想，突出娱乐性、科学性与实践性。与往年相比，本届童话节更加注重童话在学生生活中的运用，同时加强了对学生综合实践能力的培养，旨在落实"勤奋学习、快乐生活、全面发展"的要求。这一点，无论是在开节仪式还是

在乎每一朵花

整个童话节的活动安排表中，均有迹可循。如在红色夏天童话中，安排了同学们在各自生活的社区，编一个红色的故事，唱一支红色的赞歌；在银色冬天童话中，让同学们邀请自己喜爱的人，共唱共跳，把新年唱得红红火火，跳得热热闹闹。

童话节是孩子们校园生活的一部分，也是我们送给孩子们的一份珍贵礼物。相信童话的孩子是快乐的，在童话世界中成长的孩子是幸福的。我们见证了一颗颗童心的真诚、善良与美好，也期待着童话的种子在孩子们心中生根发芽，长成参天大树。童年有许许多多的期许，我们努力用真善美为童年种植一个童话，陪伴孩子们成长，愿他们的童年因童话而生机勃勃！

78. 金近童话文创周

　　2022 年冬奥会期间，冰墩墩火得一塌糊涂，"缺货""售罄"等几乎成了它的标签。那段时间，"你抢到冰墩墩了吗"也成了孩子之间的热门话题。冬奥会开幕式前后一周，冰墩墩毛绒玩具、纪念徽章、钥匙扣等周边纪念物，全部一"墩"难求。冰墩墩的走红，充分说明了文创产品在文化、功能、符号等方面的价值。文创，是挖掘和彰显中华传统文化价值、凝聚中国文化自信、树立中国文化形象、优化中国文化叙事的重要方式。

　　文化是金近小学的精神内核，也是其凝聚力与活力的源泉。金近先生作为中国儿童文学的奠基人之一，被文学界誉为"中国的安徒生"，他的《小猫钓鱼》《小鲤鱼跳龙门》等作品，早已成为经典，是中国儿童文学宝库中的璀璨明珠，更是一张张亮眼的文化名片。从一所差点被撤并的乡村小学，到被评为全国教育系统先进集体，几十年来，金近小学深挖地域资源，革新育人模式，文化一直是其根基。校园里处处洋溢着童心：童话校训、童话校标等校品系列一应俱全，金近童话园、鱼龙池等"童话 +N"校园景观独具匠心。学校首任校长何夏寿，从乡村代课老师成长为特级、正高级教师，从普通教师到知名校长，四十五年如一日，书写着乡村教育的精彩篇章，描绘出动人的教育"童话"。与金近有关的景、事与人，都成了学校办学的独特文化符号。何不依托学校的独特文化，开展文创活动呢？

阳春三月，备受期待的金近童话文创周活动如期举行。我早早来到校园，看到金近小学全校师生与共建单位浙江理工大学艺术与设计学院的师生代表齐聚一堂，忙着做活动前的准备工作。

活动一开始，孩子们的创意就如雨后春笋般冒了出来。有些孩子巧妙运用小鲤鱼元素，借助卡通的表现手法，精心装扮校园吉祥物"童乐乐"。我走到他们身边，看着他们专注的神情，忍不住俯身和他们交流起来："你们的设计思路是什么呀？"一个小男孩眨着亮晶晶的眼睛说："校长，小鲤鱼跳龙门的故事告诉我们要勇敢向前，我们希望'童乐乐'也能给大家带来勇气！"我笑着点头，鼓励他们大胆创作。

有些孩子则仔细观察校园，把校园的细节之美融入文创产品的设计中。金近先生笔下的童话角色、校园的一草一木、师生的童话作品，都成了他们创作的素材。

还有一部分孩子将目光投向了经典童话。他们认真构思后，拿起画笔设计封面、封底和内页，编排文字与图画，制作出精美的绘本，赢得了大家的称赞。那细腻的笔触、充满想象力的画面，让人仿佛走进了一个瑰丽的童话世界。我对孩子们说："你们太棒了，这些绘本一定会给更多人带来快乐和启发！"

我穿梭在孩子们中间，欣赏着他们的作品，不时给出一些建议。看到孩子们的奇思妙想，我由衷地为他们的创造力感到骄傲。孩子们的设计充分展现了学校"童话育人"的教学精神和人文内涵。

随后，浙江理工大学艺术与设计学院的大学生们对这些充满童心的作品进行二次创作，将其变成精美的文创实物：穿着花裙的尺子、小鲤鱼泡泡背包、花蝴蝶书夹……每一件都让人爱不释手。

设立金近童话文创周，就是为了充分发挥文创产品的文化育人功能，将其与校园文化深度融合，以更生动、鲜活的方式呈现金近小学的文化内涵，唤起师生的校园情怀，增强大家的归属感与凝聚力。相信在这样的活动中，孩子们的灵感会不断迸发，金近小学的文化也能够被更好地传承。

79. 金近童话园

"同学们，金近爷爷是大家喜爱的童话大师，你能找到与金近爷爷有关的故事吗？赶快行动起来，相信你能行！"我站在办公室窗前，听见广播里传来学校大队辅导员的声音。学校一下子热闹起来，孩子们如同欢快的小鹿，在校园中穿梭着，我的心中充满了期待。

接下来的日子里，孩子们一直在校园中寻找着。

有的学生聚在学校金近广场，瞻仰金近先生的雕像，随后走进少先队队室，端详龙门形状的旗架，逐字逐句地阅读金近先生的生平事迹。有一回，我刚好路过队室，便走进去和孩子们交流，分享我所知道的金近先生的点滴过往，孩子们听得津津有味，眼中闪烁着好奇与崇敬的光芒。

有的学生在鱼龙池边嬉戏玩耍，看着池中的小鲤鱼、小巧的石桥和高大的龙门，情不自禁地讨论起金近先生写的经典童话故事《小鲤鱼跳龙门》。我偶尔也会参与他们的讨论，引导他们从故事中领悟勇敢和坚持的力量。

有的学生带着精美的手抄本，迫不及待地走进学校图书馆，去阅读金近先生创作的一篇篇精彩童话，并认真摘抄自己喜欢的内容。看到孩子们沉浸在童话世界里，认真做着笔记，我和其他老师都感到无比欣慰。

有的学生想到运用电脑搜集更多信息，他们进入多媒体教室，观看根据金近先生作品拍成的动画片。我知道后，帮他们筛选了一些优质的动画资源。有时候，我也会和孩子们一起观看，并在观看后和他们一起探讨动画片所传达的道理。

还有些机灵的学生，邀上几个好伙伴，组建起"小鲤鱼"记者团，他们带着准备好的问题，采访校长、大队辅导员、班主任等，借此了解金近先生。当这些小记者来到我的办公室时，我热情地接待了他们，耐心地回答他们的每一个问题，鼓励他们多去挖掘金近先生的故事，传承金近先生的精神。

更有大胆的学生，拨通了远在北京的金近先生的夫人颜老师的电话，根据提前在学校收集到的资料，彬彬有礼地询问起金近先生的相关事迹。我得知后，赞叹他们的勇气和求知欲，还在全校大会上表扬了他们，鼓励其他同学向他们学习。

一周之后的交流会举办得非常成功，孩子们都觉得学校应该多传播一些优秀人物的故事，特别是金近先生的故事。该从哪里下手呢？孩子们的讨论声一浪盖过一浪。

"我们的校园应该是个童话乐园。"

"学校草坪最能吸引伙伴们去玩耍，我们应该让草坪有故事。"

…………

"童话可以写，童话可以读，童话也可以拿来种！"最后一个学生的发言，让全场都很惊讶，大家都认为这是个金点子。

我也觉得这个想法非常有创意，当即和老师们一起商讨如何将其落地。过了几周，我们在金近纪念馆前的大草坪上铺设了多条弯弯曲曲的小路。接着，老师们巧妙地将绿植修剪成各种栩栩如生的动物形象：看门的大黑狗、爱听童话的仙鹤、办好事的大公鸡……它们都是金近爷爷笔下的主角。最后，大家齐心协力将这些绿植种在了小路两旁。金近童话园就这样诞生了！

这下，金近童话园成了孩子们天然的游乐场，不论是课间还是午间，都热闹极了。他们有的喜欢在这里散步，欣赏童话园中的一草一木；有的喜欢坐在浓荫下，或是大声讨论，或是窃窃私语，尽情地放松；有的干脆和满目的绿融为一体，玩起了捉迷藏的游戏；还有的端坐在树荫下的石凳上，津津有味地阅读。

在这里，人与人、人与自然亲密无间，情愫相通。环境是"无声"的，课堂是"无墙"的，人是惬意的、快活的。在主动的学习、探索与表达之中，周遭的环境渐渐有了生命，一颗颗鲜活、七彩的童心在这里得到滋养，孩子们也在童话氛围中不断拔节成长。

第四章 培植童乐园的沃土

80. 风车转呀转

第六届《儿童文学》金近奖颁奖典礼临近，我每天都会把校园的角角落落逛个遍。几天下来，我总觉得金近广场香樟树下的花坛光秃秃的，不怎么好看。用什么装饰一下呢？我打开购物软件搜索一番，最终从网上订了30个风车。

两天后，快递到了，我迫不及待地把这些风车均匀地插在了花坛里，心想，这下总算美观多了。

颁奖活动如期举行，隆重而热烈，这一天的校园格外漂亮，许多校园景观成为热门打卡点，但这些风车并没有吸引嘉宾们的眼球。

有一天早上，我走进校园，发现很多孩子围着花坛，我一阵欣喜，总算有人欣赏这些风车了。孩子们沉浸在激烈的讨论中，丝毫没有察觉我的到来。

"这些风车插在这里一点也不好看！"一个梳着羊角辫的小女孩说道。

"还不科学呢！花坛的围挡这么高，风根本吹不到风车。"机灵的男孩补充道。

"有道理！那么，就请你们帮忙出出插好风车的主意。"我见孩子们说得很有理，忍不住开口说道。

孩子们听见声音，纷纷转身，见是我来了，都吐吐舌头，一脸尴尬。

经过一番引导，孩子们跟我分享了各自的想法，他们一致认为风车要移动位置。可是，移到哪里既美观又科学呢？

"可以插到金近童话园，弯弯的小路配上转动的风车，那样才完美！"一个孩子建议道。

"这些风车颜色太单调，我们可以美化一下。""绘画大师"小意胸有成竹地说。

当天中午，孩子们带着水彩颜料，邀上一群爱画画的小伙伴来了。有的孩子用画笔为风车涂上各种鲜艳的颜色；有的孩子发挥想象力，给风车画上了精美的图案，如花、草、蝴蝶、小鸟等；还有的孩子在风车上写下了亲切的问候语。显然，经过孩子们的美化，风车变得更加绚丽夺目了。随后，孩子们一起走进金近童话园，将这些风车插在小路两旁。色彩缤纷的风车随微风转动着，成了校园中一道亮丽的风景线。

一天午餐后，我沿着小路走到金近童话园，看到风车吸引了一群孩子在旁边玩耍，一排排五彩缤纷的风车迎风旋转，发出呼啦呼啦的声响，仿佛在向他们招手。孩子们对着风车跳跃、欢笑，仿佛在追逐着自己的梦想，快乐而自由。其中一个叫小花的小女孩看着这些风车，心中仿佛有无限的好奇，左看看，右瞧瞧。突然，她一眨眼，问身旁的伙伴们："我们为什么不给这些风车取名字呢？"是啊，有了名字，它们就有了自己的生命和特别的意义。

这一想法，赢得了其他孩子赞同，大家开始为每一个风车取名字。这个叫"冰蓝"，那个叫"橙汁"，旁边那个叫"紫雪"……

改造风车，重新插风车，给风车取名字，这一系列活动让孩子们收获了大大的成就感。这让我欣喜，不由得唱了起来：小小风车转呀转，转出孩子们的五彩梦想。

81. 陪餐

今天轮到我陪餐，11点刚过，我就来到了食堂。见工作人员正在准备孩子们的午餐，我便独自下楼去食堂操作间巡查，先查看了一遍所有进货单、今日留样记录等，再巡视了整个操作间的卫生、物品摆放等情况，对整体情况比较满意。这时我发现各班午餐管理员陆续走进了食堂，我也跟着他们走向二楼学生餐厅。

"你们每天都提前来分饭菜吗？"我边走边问几个小管理员。

"我们班的午餐管理员是轮流担任的，这周轮到我们。"一个孩子乐呵呵地答道。到了餐厅，小管理员们开始分发饭菜。他们动作娴熟，餐盘摆放整齐划一，那画面恰似一道美丽的风景。

小鲤鱼广播里午餐音乐准时响起，小管理员们已经将饭菜分发完毕，静候同学们的到来。不一会儿，各班级的孩子在班主任的带领下排着整齐的队伍陆续走进餐厅，迅速坐到自己的餐位上。就餐开始，我也坐到了陪餐专位上，见我来了，孩子们开心地跟我打招呼。

今天的菜是油炸翅根、胡萝卜炒花菜、紫菜虾米汤。

"今天的菜你喜欢吃吗？"我问旁边戴眼镜的女生。

"喜欢啊！我最喜欢吃鸡翅根了。"

"我也喜欢吃，一口气能吃五个！"旁边的男生笑着给出了真实的反应。

"你们平常最不喜欢吃什么菜呢？"

"香肠""茄子""河虾"……孩子毕竟是孩子，挑食的也不少。有个男生说："邵校长，我能不能给食堂阿姨提个建议啊？我不喜欢吃盐水河虾，妈妈就会做河虾丝瓜汤、爆炒河虾，我觉得很好吃。可食堂阿姨每次做河虾都是一样的烧法……"一番话说得有理有据。

另一个男孩也直言不讳地提出了建议："校长，咱们午餐能不能多点新鲜水果？另外，午餐时间有点短，可不可以延长五分钟？"

还有孩子向我反映了用餐不文明现象："校长，我告诉你一个秘密，我们班的卫生委员从不敢管午餐时出现的不好的现象。有的同学边吃饭边说粗话，放回餐盘时一路洒下汤汁，还重重地扔餐盘……"

"同学们喜欢食堂的饭菜吗？最喜欢吃什么？饭菜分量够不够？有没有浪费粮食啊？"已经成为我每次陪餐时必聊的话题。虽然孩子们经常看到陪餐老师的身影，但还是抑制不住内心的喜悦，都希望坐在老师身边，想和老师聊聊天，说说悄悄话。和孩子们交谈，总能给我意外的收获，我反复掂量着孩子们的话，心里已经有了答案。

饭后，我同分管食堂的副校长、食堂管理员、学生处老师等就陪餐所听、所思展开交流。大家一致同意面向学生征求意见，重新制订一周菜谱，启动"我最喜欢的菜"征集、"大拇指"文明餐桌评比等活动。

融洽的师生关系在陪伴中形成，立德树人的根本任务在细微中渗透。最好的教育是陪伴，老师以陪餐为名，俯身与学生一同体验、交流、成长，其中蕴含着换位思考、尊重理解、包容呵护。在这个过程中，学生享受的是有温度的食物，更是有温暖的陪伴。

教育无他，只需要我们用心陪伴、温暖守护；教育无他，只需要我们不忘初心、牢记使命。

82. 改一改

　　今天是一月一次的"校长聊聊吧"活动时间，本期的话题是"改一改"。午餐后，各班学生代表聚集在蓝莺园的阳光房里。

　　活动开始前，少先队大队长给每个学生代表发了一张反馈表，让他们写下对学校的建议。一开始，大家还有点放不开，似乎是觉得校长在，不敢如实地表达自己的看法。

　　"同学们，发现问题是一种非常重要的能力，如果我们能发现并解决问题，那应该是一件快乐、美好的事情。"

　　听我这么一说，阳光房里渐渐热闹起来，孩子们开始交流他们的想法，积极表达他们的观点。从大家的反馈中，我发现最突出的一个问题就是校园环境。有些孩子认为，学校里的花草需要得到更多关注和更好的养护，这样才能让校园更加美丽。有些孩子提到，学校公共场所的垃圾桶需要再增加一些。另外，校园纸屑随风飘散的问题也让孩子们困扰，这不仅影响了文明校园的建设，也反映出环保意识的缺失。孩子们说了，我们当然不能坐视不管，必须采取一些措施来改变校园的面貌，让它焕然一新。

　　怎么解决这些问题呢？问题一提出，孩子们讨论得更激烈了。大家都在积极思考如何才能让校园更加美丽，金点子不断涌现：每周定个清扫日，各班轮流清理校园里的垃圾；投放更多的垃圾箱，并加强对学生

在乎每一朵花

的环保教育；及时表彰维护校园文明的同学……

之后的几周，各班级也陆续开展了许多温暖的爱心小行动。

三（3）班利用周六的时间在学校门口开展了一次爱心清扫活动。孩子们组成清洁小队，手持清扫工具，在家长志愿者的带领下，开始紧张而有序的清扫工作。家长接送点有很多落叶和烟蒂，清洁小队迅速打扫干净。之后，他们还拿起锄头、镰刀等工具，清理校园围墙附近的树枝和杂草。路边的草丛里有很多纸屑和饮料瓶，他们戴上手套，将这些垃圾一一捡起，放进垃圾袋里。细心的孩子们还将学校门口的宣传窗和栅栏都擦了一遍。几个在地里干活的爷爷奶奶，看到孩子们这么卖力地打扫卫生，也放下了手中的活，加入了清扫行列。在大家的努力下，校门口焕然一新。

六（1）班则在金近广场举行了一场垃圾分类宣讲活动。活动中，孩子们用自己的语言进行讲解，让大家更好地理解垃圾分类的概念和实际操作的方法。随后，他们还通过情景模拟向师生们演示了垃圾的正确分类和投放。在那之后，学校的垃圾分类正确率明显提升了。

这些温暖的爱心活动，让校园变得越来越干净、美丽。同时，这些活动也让我们意识到：学校的主体是学生，帮助每一个孩子培养环保意识、集体意识，才能从根本上解决校园环境问题。

83. "小米粒，大文明"

一天路过食堂时，我听见两个阿姨在抱怨："一顿午餐就能倒满七八桶，这么多白花花的米饭，实在太可惜了！""现在的小孩，没饿过肚子，体会不到'粒粒皆辛苦'。"

第二天午餐时间，我特意早早地来到食堂，观察粮食的浪费情况。我发现有些学生一开始盛的饭就偏多，还有些学生见菜不合胃口，没吃上几口，就端起餐盘，毫不怜惜地把饭菜倒入垃圾桶中。没多久，饭菜就倒了大半桶。这一问题竟没有得到我们的足够重视。于是，组织一次以"小米粒，大文明"为主题的教育活动的想法在我脑中萌发。

通过班级问卷调查、师生专题访谈，我们确定了行动小主题："小米粒诞生记""小米粒去旅行""小米粒伤心了""小米粒巧变形"，由学生自主选择感兴趣的主题，成立活动小组。瞧，小组名字各有特色：金米粒小组、粮天下小组……小组口号更是响亮有趣："米粒米粒，来之不易""粒粒粮食，滴滴汗珠"……在班主任的指导下，各小组开始就选定的主题进行活动策划。孩子们进一步明确了活动目标，细化了活动步骤，讨论了可能遇到的困难，确定了活动成果展示方式。各小组还设计了宣传海报，有的是小组成员合作完成的，也有的是家人协助完成的，还有的是借助学校文印社的力量完成的……不管哪一种形式，都很有创意。对于接下来的实践活动，大家早已迫不及待，跃跃欲试。

在乎每一朵花

金米粒小组的孩子们通过享誉世界的"杂交水稻之父"——袁隆平爷爷的故事，了解了水稻的种植过程：一粒粮食从播种到收割，再到加工成成品粮，要经过整地、育苗、插秧、除草、杀虫、收割、干燥、筛选等 20 多道工序，每一道工序都饱含着劳动者的汗水和心血。大家深深体会到：每一粒米都来之不易！小组成员还展示了自制的绘本《大米是怎么来的》和《盘中餐》。活动后，组员们还尝试在家培育水稻，并用绘画、表格等形式记录种子的成长过程，体验种植的不易。

"呜呜呜……我的主人讨厌我，不喜欢我……"粮天下小组的孩子们自编自演了一部童话剧《小米粒伤心了》。剧中的"小米粒"和校园里的少先队员争论，和红军叔叔对话，和非洲灾区小朋友连线，最后与"小喇叭"组建起了宣传队，呼吁身边人"爱惜粮食、拒绝浪费"。虽然孩子们的童话剧并不成熟，但在这个过程中，他们深刻领会了幸福生活的来之不易，并暗下决心要力行"光盘行动"。

后来，分菜分饭小志愿队成立了，光盘餐桌评比开展了，文明进餐行动也如火如荼地进行起来，食堂的粮食浪费情况得到了极大改善。

节约、文明的意识需要从小培养，从小事抓起。对于学生的浪费行为，学校要及时进行纠正，通过班会、主题活动等多种形式，把节约、文明的主题教育融入日常教学的点滴中；同时，我们也要注重实践，上好劳动教育课，让孩子们在劳动中体会种植粮食的艰辛……"小米粒，大文明"主题活动将品行教育融入丰富多样的校园活动之中，让孩子们在欢乐的气氛中提升劳动技能，增强文明意识，陶冶道德情操，共守舌尖上的文明，传承中华民族的传统美德。

84. 食堂阿姨

作为校长，我在日常工作中十分关注学生的校园生活体验，食堂便是其中重要的一环。我经常会在食堂陪餐，借此机会与孩子们交流，也会向食堂工作人员了解学生们的用餐情况，就这样，我和食堂的刘阿姨慢慢熟络了起来。

"刘阿姨好！""用餐愉快哦！"每天在餐厅里，都能听到孩子们和刘阿姨热情互动的声音。刘阿姨虽然年纪稍大，但说话声音清脆，脸上总是挂着暖心的笑容，让孩子们倍感亲切。孩子们都爱和她聊天，分享自己的趣事和烦恼，刘阿姨每一次都耐心倾听，给予温暖回应。

清晨六点半，当很多人还在睡梦中时，刘阿姨就已经来到食堂，开启一天的忙碌。她一边准备早餐，一边验收配送中心送来的食材。每次验收食材，她都格外认真，仔细检查每一样食材的新鲜度，认真称量记录，一旦发现不合格的产品，她就会毫不犹豫地退给供货商，并重新选订新鲜食材。刘阿姨手脚麻利，厨艺更是了得，做的糖醋肉和红烧鸡翅堪称一绝，孩子们都说能从中吃出家的味道。

临近端午节，学校计划开展包粽子活动。我了解到刘阿姨包粽子的手艺十分出色，便找到她，提议由她担任辅导老师，教孩子们包粽子，刘阿姨欣然答应。孩子们得知这个消息后，个个兴奋不已，对学会包粽子充满信心。

活动当天，我也来到食堂，只见现场一片热闹。孩子们早早到达，看到准备好的粽叶、糯米、肉和豆子，脸上洋溢着开心的笑容。刘阿姨站在前面，一边示范，一边细致地给孩子们讲解包粽子的步骤。她先把粽叶卷成锥形，接着倒入按比例混合好的糯米、肉和豆子，然后用粽叶把它们包起来，最后用绳子把粽子捆扎紧实。孩子们早就迫不及待，立刻学着刘阿姨的动作包了起来。他们的动作很笨拙，包出的粽子虽然形状各异，却十分可爱。刘阿姨看着孩子们的成果，非常欣慰。

我注意到学生小强学得比其他孩子慢一些，他似乎有点沮丧。刘阿姨也发现了这个情况，悄悄地把小强带到一旁，一对一指导。小强听得专注，经过几次尝试，终于成功地用绳子系好了自己的粽子，脸上洋溢着自豪。在刘阿姨的耐心指导下，每一个孩子都掌握了包粽子的技巧，包出了属于自己的粽子，度过了难忘的一天。

后来，刘阿姨还和我分享了她与一个小男孩的故事。小男孩胖胖的，十分可爱，他那圆圆的眼睛、天真无邪的笑容，很是讨人喜欢。可刘阿姨发现他非常挑食，只喜欢吃油炸食品。

有一天，刘阿姨见小男孩餐盘中的食物几乎没动，便主动上前，轻声问道："你好呀！今天的菜不合口味吗？"小男孩看到刘阿姨的笑脸，也笑着回应："我想吃鸡块和薯条，您能做吗？"刘阿姨轻轻拍了拍他的肩膀说："当然，下次我多做些。不过这些食品油脂多、热量高，不太健康。"小男孩耸耸肩，一副满不在乎的样子："我不管，我就喜欢吃这些。"刘阿姨接着耐心引导："那你不在乎自己的身体吗？长期吃油炸食品，对身体可不好。"小男孩听后，皱起了眉头。原来小男孩一直由妈妈照顾，但妈妈工作忙碌，总是没时间做饭，他经常买油炸食品吃。

刘阿姨察觉到这是一个帮助孩子的契机，便和他聊起了兴趣爱好："你喜欢什么运动呀？"小男孩虽有些惊讶，但还是回答道："我喜欢踢足球，可我太胖了，老师都不选我参加比赛。"刘阿姨听了心里一紧，她知道孩子的自尊心受到了伤害，便鼓励道："别太在意别人的看法，只要你关注自己的健康，适当减减肥，就会更自信，踢足球也会更轻松。要是你愿意，我可以帮你。"小男孩听后，眼眶泛红，感动地问："真的吗？您真的肯帮我？"刘阿姨微笑着点头："当然，我肯定帮你。"

　　从那以后，小男孩逐渐改变了饮食习惯。每次来食堂，他都会让刘阿姨给他搭配健康的食物，主动选择喝水而不是碳酸饮料。刘阿姨也会特意为他准备营养丰富的菜肴。在刘阿姨的帮助下，小男孩还找到了适合自己的锻炼方式，成功减重，变得更加自信和健康。

　　这样的食堂阿姨，哪个孩子不喜欢呢？

85. 给小狗安家

"童话学校还真是童话学校，小猫啊，小狗啊，都喜欢来！"一进校门，就听见保安夏师傅正调侃着。

"夏师傅，又有什么新鲜事？"我好奇地问。

夏师傅一脸苦恼地向我诉说："上周为了赶走几只流浪猫，折腾了一番，这几天又有两只流浪狗在校园里撒欢，一会儿出现在教学楼，一会儿又闯到操场上，真愁人。"

听完夏师傅的话，我便逛起了校园。刚走到蓝莺园，一下子跑出两只小狗，吓了我一大跳，我想这肯定就是令夏师傅犯愁的那两只流浪狗了。走近细看，这两只流浪狗长得倒很可爱，一只毛色金黄，一只毛色乌黑，活蹦乱跳。

这时，孩子们也追了过来，看来狗狗们还是很"吸粉"的。两只小狗和孩子们很亲热，使劲地甩着它们的小尾巴，享受孩子们温柔的抚摸。有个孩子像训犬师一样给小狗下指令，示意小狗趴下或站起。小狗还挺机灵的，跟随指令做出动作，似乎很享受这样的互动。

夏师傅担心小狗会伤害到孩子们，所以一直在想办法赶走它们，但是不论怎么努力都无济于事，它们总是会在夏师傅走开后再次回到校园。夏师傅都不知如何是好了。

流浪狗的确很可怜，既然不能阻止小狗进来，那就让它们安全地住

第四章　培植童乐园的沃土

下。学校决定开展一项名为"给小狗安个家"的爱心活动，通过义卖、捐献等方式募集物资，为两只流浪狗建一个狗屋。活动倡议一发布，师生们都积极响应。

在一个周末的早晨，校园里聚集了很多人，他们带着各种各样的物品，准备为两只流浪狗搭建一个温暖的家。有人带来了狗粮、饮用水，有人带来了狗窝、毛巾和宠物玩具……大家将这些东西集中在一起，开始为两只流浪狗建造新家。

很快，狗屋建好了，里面铺上了新的毛巾，放上了狗窝，小屋门口还有充足的狗粮和水。两只流浪狗很快就发现了这块"宝地"，在里面待了一会儿，竟舒服地睡起觉来。

从此，两只流浪狗有了一个家。接着，学校邀请动物防疫站的工作人员来给小狗接种疫苗、驱虫，并给孩子们科普小狗的性格特点、生活习性及小狗对食物和饮水的需求等，还教他们防抓防咬的技巧。之后，孩子们还主动参与清洁狗窝、维护狗屋等工作。在这个过程中，他们的责任感增强了，动手能力也得到了显著提升。

后来，学校建起了哈哈动物园，狗狗们的家园更大了，它们可以自由奔跑、嬉戏。

给小狗安家的活动不仅给流浪狗找到了家，还让孩子们切身感受了什么叫作"人与动物和谐相处"，并在这个过程中收获了满满的力量，领悟了爱心的巨大意义：它可以改变世界，也可以创造美好的未来。

在乎每一朵花

86. 哈哈动物园

　　"我们的哈哈动物园开园啦！"开幕式现场，孩子们欢呼雀跃，脸上洋溢着难以抑制的喜悦，那股兴奋劲仿佛要冲破天际。看着他们朝气蓬勃的模样，作为校长的我，内心满是欣慰与自豪。这座凝聚着全校师生心血的哈哈动物园，终于迎来了与大家正式见面的重要时刻。从全校学生中遴选出的 10 位首批"爱心小天使"也即将上任，他们将在经验丰富的校外辅导员的帮助下照看动物。

　　这座占地仅 50 多平方米的迷你动物园，虽小巧却蕴含着大大的能量，劳动教育、科学观察、童话育人等带来的美妙体验，都能在这里轻松收获。

　　而在过去，这个地方因处于学校的边缘地带，终年杂草丛生，鲜少有学生过来玩耍，用人迹罕至形容也不为过。从筹备到建造哈哈动物园，每一步，师生们都投入了大量的时间，倾注了大量的精力。让哪些动物入住？怎么将它们引进来？动物园排水问题如何解决？……一桩桩、一件件都需要反复考量、妥善安排。那段时间，我和老师们、学生代表们经常坐在一起研讨，大家你一言我一语，不断碰撞出金点子。最终，我们确定将动物园分为 6 个片区，还为每种动物打造了独门独户的"小豪宅"，比如充满梦幻色彩的"雀之宫"、温馨可爱的"汪星屋"、俏皮活泼的"萌兔坊"、充满爱意的"爱之巢"、气派典雅的"鹅公馆"、趣味十足的"嘎吱苑"……分别供孔雀、狗、兔子、鸽子、鹅、鸭等小动物居住。

　　动物是这片土地的主人，但也需要有人来照料和守护它们。开园前，学校发布了招募令：主动请缨照顾小动物的同学，将有机会成为哈哈动物园的"爱心小天使"。这一消息瞬间引发了"应聘潮"。在众多应聘者中，一年级的龙艺墨格外引人注目。一年级的孩子能照顾好动物吗？带着这样的疑虑，班主任下意识地拒绝了他的请求。过了几天，龙艺墨把一封薄薄的信交到班主任手上。上面的字虽然不多，一笔一画却都写得清晰有力，大致意思是：他虽然年纪小，但愿意努力学习，他特别渴望能跟动物们多接触，还郑重承诺一定会认真做好这项工作，希望老师同意他的请求。这份赤诚最终打动了班主任，也打动了其他老师，龙艺墨成功成为一名"爱心小天使"。在这个以三、四年级学生为主体的团队里，龙艺墨年纪虽小，做事却丝毫不含糊。在校外辅导员的带领下，他一丝不苟地完成喂养小动物、帮小动物清理屋子等任务。我好几次去动物园巡查，都看到龙艺墨正专注地给小动物喂食，那认真的模样格外动人。

　　哈哈动物园开园以来，深受孩子们青睐。有的孩子把家里养的小兔子寄养在了这里；有的孩子制作了精美的手抄报，用生动的图文记录下自己与动物相处的过程；还有的孩子把在哈哈动物园发生的趣事写进了自己的作文里，表示"成为'爱心小天使'后，我仿佛打开了通向新世界的大门，里面的一切都那么有趣""踏入哈哈动物园的那一刻，快乐便随之而来"……

　　哈哈动物园自规划之初，便与教育课程紧密相连。它是学校"鱼跃农门"系列劳动课程的重要体验场，"爱心小天使"们通过照看动物，不仅提升了劳动技能，还培养了责任感。在这里，还能以项目化的方式深化、延伸课程，涵盖劳动实践、生物、科学、音乐等多个领域，让学生们得到更多实践和提升的机会。美术老师带着孩子们前来观察动物，再让孩子们用画笔勾勒出它们灵动的形象；音乐老师领着大家聆听动物们或清脆或低沉的叫声，还将这些自然之音融入动物主题的歌曲教学中；科学老师则以这里为实景课堂，生动地传授生物领域的知识……这些活动赋予了哈哈动物园实用功能，而"童话育人"则点亮了这里的精神气质。

我始终坚信，儿童教育必须以儿童喜爱的方式展开，童话故事是学校开展教育的重要依托，而哈哈动物园里的一景一物无疑是极佳的"背景板"，在这里，梦幻天真的童话被投射到现实中，"童话育人"得以传承与升华，为孩子们的成长之路增添了一抹绚丽的色彩。

87. 忆孔雀

　　学校哈哈动物园里的小动物中，最美丽、最受欢迎的当数孔雀，孩子们还给它们的住所取了个好听的名字——雀之宫。然而，这个寒假，雀之宫中一只漂亮的孔雀不幸被冻死了。

　　开学后，孩子们得知了这个消息，都十分伤心。我了解情况后，鼓励各班级开展"忆孔雀"系列活动，希望能让更多人了解孔雀，引导孩子们正确面对生命的消逝。

　　各班级积极响应。有的班级在音乐老师的组织下，以孔雀的生活习性和历史文化为依托，发挥想象力和创造力，一起作曲和填词，创作出饱含深情的歌曲。有的班级在语文老师的带领下给孔雀写信，孩子们用简单而温暖的话语表达对孔雀的喜爱，以及对它逝去的哀思。写信的过程中，孩子们深刻地感受到孔雀对他们生活的意义和影响，也更加珍惜生命中每一段美好的经历。

　　除此之外，孩子们还自发组织了许多活动，有的孩子描摹了孔雀的画像，有的孩子参与了校园孔雀视频的拍摄，有的孩子甚至自己动手制作了带有孔雀花纹的服饰。

　　这些活动不仅让孩子们更加深入地了解了孔雀，体会到艺术创作和手工制作的乐趣，还给他们上了一堂生动的生命教育课，让他们懂得生命的可贵。

科学老师组织的"忆孔雀"项目化活动让我印象深刻。在项目开展期间，我特意来到现场，为孩子们加油。这个项目的第一步是改造孔雀的活动场地。原来的雀之宫是一个铁制的笼子，四面透风，地面也只是一块泥地，一下雨就容易积水。于是，孩子们在家长、老师的帮助下，给雀之宫的地面铺满了沙子，然后在四周挖了排水沟，还在笼子里给孔雀架上了一个梯子，让孔雀的生活环境更加舒适。在雀之宫周围，孩子们种上了小树和绿草，还摆放了一些花瓶和小雕塑，使这片场地变得更为生机勃勃。看到孩子们认真专注的模样，我鼓励他们坚持下去，用行动维持雀之宫的盎然生机。

除了美化场地，孩子们还向木匠叔叔寻求帮助，在雀之宫为孔雀搭建一个温暖的房子。木匠叔叔欣然答应，带领大家开始为孔雀搭建小木屋。他们先选了一棵结实的树，在树下画了一个方形的图案，沿着图案挖出地基的位置。然后，根据挖好的地基切割木头，用钉子将木头固定在一起，以构建木屋的框架。孩子们热情地参与其中，学会了测量以及使用木工工具，得到了木匠叔叔的表扬。固定好木屋的框架后，他们开始用砖块砌木屋的墙壁。孩子们非常喜欢这项工作，发挥想象力，用各种颜色和形状的砖块砌出了美丽的花纹。接着，他们用铁皮覆盖屋顶，铺上稻草，这样既防水又美观。最后，他们还在屋子里铺了一张蓝色的垫子，让孔雀能在上面舒服地休息。

小木屋一建好，就吸引了一只孔雀的注意，它展开"镶"满蓝宝石的尾屏，左右摇摆，像是在向大家表示感谢。在大家的共同努力下，雀之宫重新焕发生机。寒假中那只孔雀的离去固然令人悲伤，但是"忆孔雀"系列活动，已经在孩子们的心田种下了爱的种子。

88. 大作家与 "小作家"

今天，天空是蓝的，云朵是白的，风是暖的。学校蓝莺园的草坪上，不时传出热烈的掌声和激动的欢呼声。

为了激发孩子们的创作力，让孩子们爱读书、读好书，我代表学校邀请了著名儿童文学作家张婴音老师走进金近小学。学校 700 多名 "小作家" 迎来了与大作家近距离交流的机会。

讲课的地点，选择在蓝莺园的草坪上，山坡为舞台，绿树作背景，太阳花造型的装点使整个山坡显得更富生机与活力。活动中，张老师用亲切、甜美的声音向孩子们介绍她的作品《天天都有麻烦事》，并与孩子们进行互动。张老师不时设置悬念，启发想象，使孩子们在积极互动中开阔视野、受到启迪。她还向孩子们介绍了安房直子、沈石溪等作家，推荐了《海的声音》等有趣的文学作品，让孩子们知道原来螃蟹也会弹琴、海螺也可以用来打电话……

张老师带领孩子在想象的世界里遨游。她告诉孩子们：多读书才能学会写作，写作要用眼睛去看，用心去感觉，要张开想象的翅膀。讲课结束之后，孩子们都意犹未尽，请张老师签名留念的学生更是排起了长队。"小作家"们争先恐后地围在张老师身边，说着自己的读书心得，希望张老师能传授更多写作的 "绝招"。张老师对孩子们的提问进行耐心解答，她的风趣也赢得了孩子们甜甜的微笑。

"小作家"们在这次精彩的文学之旅之后纷纷表示：今后要博览群书，接过金近爷爷手中的笔，续写更多更美的文章。

　　对孩子们来说，作家走进校园，既是一次与作家零距离沟通的机会，也是一场心灵的启迪、书香的浸润。优秀的文学作品犹如一眼甘泉、一缕清风、一束阳光，滋润着孩子们的心灵。学校开展作家进校园活动旨在营造浓厚的书香氛围，引导孩子们爱上阅读、爱上写作，在阅读中丰厚灵魂，汲取成长的力量。

89. 难忘的"护蛋行动"

今天是全国中小学生安全教育日，我像往常一样提前来到学校，准备开启新一天的工作，路过教室时，听到孩子们的讨论声。

"昨天老师布置了一项特殊的作业：今天每人带一个鸡蛋来学校。你们说这是要做什么呀？"一个稚嫩的声音响起。

"对呀，带鸡蛋做什么呢？捐给山区的学校，还是……"另一个孩子充满疑惑地猜测。

"活动搞完了会不会拿来煎荷包蛋给我们当午餐呀？"还有孩子半开玩笑地说。

"是不是让我们用自己的方法把小鸡孵出来呢？"

大家你一言我一语，对活动充满了好奇与期待。我不禁被孩子们天真的话语逗笑，也期待着孩子们得知任务以后的反应和行动。

丁零零，上课铃响了，老师走进教室，我也悄悄从后门走了进去。老师笑着告诉大家："今年的安全教育日，咱们学校首先开展的是'一日护蛋'行动。大家要把生鸡蛋贴身放着，不准离身，保证鸡蛋在一天的在校时间中不破碎。"

"这太难了，几乎是不可能的！"有同学皱着眉头，一脸为难。

"非常之事得用非常之法才行！"也有同学斗志昂扬，跃跃欲试。

还有的同学一脸神秘，看样子是心里有了主意。

"护蛋行动"考验的是学生对脆弱生命的呵护能力。整个活动过程中，孩子们展现出的不仅是对生命的感情，还有绝佳的创造力。他们有的给"蛋宝宝"画上了眼睛、鼻子、嘴巴，有的为"蛋宝宝"起了好听的名字，有的帮"蛋宝宝"披上了棉被，还有的给"蛋宝宝"做了小帽子……他们小心翼翼地把"蛋宝宝"塞进衣服口袋里，小心地呵护着，每到下课就情不自禁地掏出来瞧瞧，查看"蛋宝宝"的情况。看着孩子们认真呵护鸡蛋的模样，我仿佛看到了他们心中那份逐渐萌发的责任感和对生命的敬畏感。

这一天，学校的氛围明显和往日不同。孩子们少了你追我赶、嬉戏打闹，都变得小心谨慎起来。有的孩子用小手紧紧捂着口袋，走路都轻手轻脚；有的孩子围在老师身边说："鸡蛋也可能是一个小生命，我们要好好珍惜。""以前上下楼梯时，楼道总会拥挤，今天我们都主动排着队靠右走了……"听到孩子们这样说，我深感这次活动的意义非凡。

充满童趣的"护蛋"体验活动正式拉开了安全教育周的序幕，之后，学校安排了观看防灾知识展板、熟记守护生命的十大黄金法则、完成一份安全隐患排查作业、举行一个安全教育主题班（队）会、参加一次应急疏散演练等一系列活动。我也参与了这些活动的组织和策划，和大家一起讨论如何更好地强化师生的安全意识，提高避险能力。我们希望通过这些活动，告诫学生珍爱生命，善待生命，直面挫折，做生命的主人，勇敢地对自己、家庭、学校、社会负责。

90. 校园小导游

学校将在五月承办一场省级观摩活动，小鲤鱼导游社接到了重要的讲解任务。4月11日下午，金近广场上热闹非凡，首届校园小导游竞选活动正在紧张而有序地进行着，我在现场见证了孩子们的精彩表现。

两位小主持人声情并茂地宣讲了小导游竞选活动的意义。在介绍完评委老师和大众评审团成员后，竞选正式拉开帷幕。首先登场的是三年级的黄同学，她精心打扮成金近先生笔下最经典的形象——小鲤鱼的模样，鲤鱼服上的金色鱼鳞随着她的一举一动闪闪发光，看起来活泼又灵动。她自信满满的讲解，一下就把大家带到了金近童话园："欢迎大家来到金近童话园！童话可写，童话可读，童话也能拿来栽种！在金近童话园中，绿植被修剪成看门的大黑狗、爱听童话的仙鹤、办好事的大公鸡……它们是金近爷爷所写的童话中的10个经典形象。在每一个形象旁，都有一块醒目的牌子，向大家讲述着与每个形象对应的趣味故事。看，围墙上那一幅幅生动有趣的画，讲述的也是金近爷爷创作的一个个故事呢……"最后，她向大家发出号召："走一走，看一看，想一想！拥有了故事，我们也就拥有了智慧、勇气、胆量和自信。"黄同学的讲解轻松又有趣，一旁的观众和评委们不禁连连称赞，为她的精彩表现鼓掌。

来自三（1）班的陆同学，是个帅气的小男孩，也是班级里的小画家。他手拿画笔和调色盘，微笑着向大家提问："同学们，你们最喜欢哪个童话故事？"陆同学别具一格的开场吸引了大家。他选择了世界童话园这一景观进行讲解："我们的老师从虞南的山里运来石头，并请美术老师和绘画社的同学在石头上画画，通过一幅幅生动的画面呈现一个个美丽的童话故事。在这个童话园内，有漂亮的白雪公主和善良的小矮人，有一心帮助他人的快乐王子，有漫游奇境的女孩爱丽丝……童话真有魅力，一块普通的草坪被注入童话色彩后，故事随之而来。"我认真地听着他的讲述，看着他眼中闪烁的光芒，感受到了他对世界童话园这一校园景观的独特情感。

"夏商与西周，东周分两段。春秋和战国，一统秦两汉……"四年级的吴同学从小就对历史情有独钟，他的讲解从吟唱《中国历史朝代歌》开始，那富有节奏感的歌声一下子就吸引了全场的注意力，大家都听得津津有味。随后，他用生动的讲述把我们带到了小鲤鱼号文化列车前，通过"小鲤鱼游中国"的巧妙设计，将"中国之最""中国朝代及杰出帝王""中国十大古都"等传统文化知识一一装进了列车车厢，让小鲤鱼带着大家一起游中国。讲解结束后，我走上前，对他丰富的知识储备和别出心裁的讲解方式表示肯定，鼓励他继续保持这份对历史的热情。

来自三（3）班的蒋同学为大家介绍了金近纪念馆，六百多字的讲解词他早已熟稔于心，他用洪亮而清脆的声音、抑扬顿挫的语调将故事娓娓道来……

本次竞选，三到六年级有近30名同学参加，每个竞选者都用自己独特的方式为大家讲解了他们所选的校园景观，展现了童话校园充满童趣而富有文化底蕴的那一面。评委们频频点头称赞，给孩子们送上热烈的掌声。

　　此次活动既锻炼了孩子们的表达能力，又让孩子们更加深入地了解了各处校园景观，更投入地参与到讲好校园故事的文化实践中。校园的每一处景观都如同一本好书，发挥着育人的功效，了解并介绍它们，极大地增强了学生的主人翁意识，为学校"童话育人"实践又添上了浓墨重彩的一笔。我由衷地为参与竞选的孩子们感到骄傲，也期待着他们在省级观摩活动中能有更加出色的表现。

91. 晒晒我的"星"

"一个小巧的身体，一对灵敏的耳朵，一双狡黠的大眼睛，再加上一条细长的尾巴，整天把那只笨猫搞得焦头烂额。猜猜它是谁？""我知道我知道，是只小老鼠！""哈哈，它叫杰瑞。"我路过教室时，被同学们的欢声笑语吸引，忍不住停下脚步。

"黑猫警长是我心中的卡通明星。它是一名十分正直、勇敢的警官，睁着一双炯炯有神的大眼睛，穿着一身笔挺的警服，神气极了。"孩子们正兴高采烈地分享着心中的卡通明星。原来，他们正在开展"晒晒我的'星'"主题班会。

分享过后，老师宣读了一份活动倡议："亲爱的同学们，我们刚刚讨论了不少经典卡通形象，其中，有很多是值得我们学习的。下面，让我们一起来推荐心中的童话人物形象榜样，并为他想一句既有趣又温馨的文明提示语吧。"

我十分关注这个活动，和老师们探讨后，决定在教学楼最醒目的位置设计一堵"晒'星'彩墙"。倡议发出后，孩子们热情高涨，各自组建活动小组，通过问卷调查、实地观察等方式，发现身边的不文明现象，并细心地记录下来。接下来的日子里，小组成员分工明确，有条不紊地推进简述故事、提炼文明提示语、绘制明星形象和设计提示语外框等工作。

一天，我走进三（1）班，孩子们正围坐在一起激烈地讨论着。一番观察后，我这才知道，原来他们正在细读《小鲤鱼跳龙门》，当读到金色小鲤鱼先帮助所有伙伴跳过龙门，自己最后才跳时，大家都深受感动。我也被他们的热情所感染，坐下来和他们一起讨论。在思维的碰撞中，"金色鲤鱼真有礼，谦让朋友跳龙门"这句文明提示语诞生了。我夸赞孩子们团结一心，鼓励他们继续加油。

四（2）班学生组成的小组选择了白雪公主和七个小矮人的故事。孩子们对我说："白雪公主善良纯真，可轻易相信陌生人这点不好。而七个小矮人特别团结，一起生活、工作，我们要向他们学习：真诚待人，和同学互相帮助。"他们的文明提示语"七个矮人懂文明，互帮互助护公主"，充满了童真与思考。我为他们的深刻理解点赞，还分享了自己对这个故事的看法，引导他们从更多角度思考故事中的文明内涵。

短短几天，"小红帽，多孝敬，不对父母发脾气""长袜子皮皮有爱心，好吃好玩送别人""六只天鹅修养高，礼貌用语讲得好""善良渔夫不伤人，发生矛盾先自省"等一句句温馨提示语，以及与它们有关的一个个童话人物形象布满了整堵彩墙，吸引着一群又一群学生驻足欣赏。

最终，学校选定一批简洁、生动、有趣的文明提示语，做成大宣传牌悬挂在校园各处。每每看见这些宣传牌，我的心中总是涌动着感动。借助童话，寓教于情理中，以小见大，引人向上；借助活动，让学生成为校园文明礼仪的宣传者、实践者和示范者。相信在这样的氛围中，文明的脚步会离我们越来越近，文明礼仪之花将在校园里常开不败。

92. 小鲤鱼回家乡

那是我当班主任的第一天。我兴致勃勃地推开了四（2）班教室的门，自信地站上讲台，亲切地宣布道："新学期要有新面貌，全体同学齐心协力开展大扫除。"接着，卫生委员走上讲台，将具体分工细说了一遍，我便放心地离开了教室。

让我再次走进教室的，是一阵喧闹声。一进入教室，映入眼帘的是令人惊讶的一幕：水洒了一地，扫把、拖把横七竖八地躺着；讲台、课桌、椅子歪歪斜斜；孩子们噘着嘴，自顾自地整理着书包。面对这一混乱的场面，我若有所思地看了他们一眼，然后拿起扫把，打扫起来……

事后，我找到班干部，向他们了解情况。原来是不少学生把"小皇帝""小公主"的脾气带到了班上，表现得自私、懒惰、骄横，不肯合作，不想付出，不愿谦让。他们有的为别人少干一点活而不满，有的为自己多干一些活而不平，有的不愿服从组长的工作分配，你怨我，我怨你，整个班级像一盘散沙。

针对班级出现的这些情况，周五，我组织孩子们开展了"小鲤鱼回家乡"主题班会。班会在学校蓝莺园的草坪上举行。在草坪上，树荫下，孩子们头戴各种小动物头饰，身着金光灿灿的鳞衣、蚌壳、龟甲，好不热闹。我让"小鲤鱼"从事先准备好的一本《金近文集》里跳出来，作了简短的自我介绍，随后讲述起当年跳龙门的经历："我找不到去的路，被密密麻麻的水草缠住，无数次让浪给打回来，好几次我都有点泄气了，可螃蟹姐姐、乌龟哥哥不停地鼓励我，我又一次次有了勇气。我纵身一跃，终于成功了！我跳过了龙门，那一刻的美好直到现在还深深地印在我的脑海中。"孩子们认真地听着，通过他们的眼神和面部表情，我确认，他们被感动了。

此时，主持人让同学们分享自己的感受。

这个说："小鲤鱼不听奶奶的老一套，坚持自己的想法，历经千辛万苦，终于跳过了龙门，这份勇气和毅力值得我学习。"

那个说："不说别的，光是小鲤鱼先让同伴们踏着他的肩膀跳过龙门这一点，就值得我们学习。"

…………

"同学们，你会向小鲤鱼学什么呢？下次班级开展大扫除，你又会怎么做呢？"主持人在我的暗示下发起了提问。

"小鲤鱼，欢迎你回来，你的分享让我懂得了什么是团结协作。"

"我要向你学习，成为先人后己的小鲤鱼。"

"我会主动担任小小整理员，把课桌排得整整齐齐。"

…………

说着，一个高个子学生猛地起身，红着脸说："同学们，我在打扫中总是只顾着自己，我错了！"

从那天起，孩子们变了，整个班级的精神面貌变了，大家更团结了，班里处处散发着友谊的芳香。一次主题班会活动竟产生了如此好的效果，真是令人惊喜。

仔细品读古今中外的童话佳作，你会发现，那一个个鲜活、符合儿童天性、受儿童喜爱的人物形象，是我们开展德育工作的好帮手。

通过创设童话化的德育情境，借助经典童话人物形象开展童话化的德育活动，可以在潜移默化中教会孩子们什么是集体力量，什么是乐于助人……

真正的大教育是无痕无迹的，是"大音希声"，是"大象无形"，是"随风潜入夜，润物细无声"，没了说教味，孩子们自然乐于接受。

93. "童话漫游"

　　金近小学的每一处都弥漫着童真与童趣，这里就是孩子们心中的童话王国，而每一个孩子都是王国中闪闪发光的主角。

　　这样说，并非夸张。且听我说——

　　一天，我路过二楼的一间教室时，一阵激烈的讨论声钻进了我的耳朵。

　　"我最喜欢画画啦，我一定要在这次活动中大显身手，把金近爷爷童话里的场景都搬到画纸上！"扎着马尾辫的小女孩晓妍一边说，一边用力挥舞手中的画笔，那神情，那模样，仿佛她已经站在了世界顶级画展的中央，享受着所有人的掌声和赞美。看着她自信满满的样子，我的嘴角不自觉地上扬。

　　"我读了好多好多金近爷爷的童话故事，这次我要把那些奇妙的故事讲给大家听，把大家带进金近爷爷创造的神奇世界里！"小虎胸脯挺得高高的，脸上写满自信，声音洪亮得像个小喇叭。我轻轻走进教室，微笑着问他："小虎，你准备讲哪个故事呀？我可太期待了。"小虎有些害羞，不过激动的心情还是溢于言表，他挠挠头说："校长，我要讲《小鲤鱼跳龙门》，我特别喜欢这个故事，那些小鲤鱼可勇敢啦！"我轻轻摸了摸他的头，鼓励道："那你可得好好准备，把小鲤鱼的勇敢和坚韧都传递给同学们。"

在乎每一朵花

细问之下，我才知道，一场以"童话漫游"为主题的展示活动马上就要在班上开始了，孩子们正在热烈地讨论着各自的计划。这场别出心裁的创意活动一下子点燃了我的好奇心。

　　活动当天，我早早来到了现场。进入"画的童话"区域，就像走进了一个五彩斑斓的梦幻世界。孩子们用手中的画笔画出心中的童话，一幅幅充满想象力的画作生动极了：被鲜花簇拥的梦幻城堡里，公主正微笑着向人们招手；憨态可掬的小动物们在森林里快乐玩耍，隔着画纸仿佛都能听到它们欢快的笑声……我走到一幅画着小鲤鱼跳龙门的作品前，目光一下就被吸引住了。这幅画色彩鲜艳，每一只小鲤鱼的动作都充满了力量。小画家晓妍像只欢快的小鹿一样跑了过来，眼睛亮晶晶的，指着画兴奋地说："校长，您看，这就是小鲤鱼们在勇敢地跳龙门，它们面对高高的龙门一点都不害怕，一个接一个往上跳！"我认真地欣赏着画作，点头称赞："晓妍，你画得太棒了！不仅画面漂亮，还把小鲤鱼们的那股劲画出来了。你一定花了不少心思吧？"晓妍听了，笑开了花，和我分享起画画时的想法。

　　不远处就是"演的童话"所在的区域，舞台周围早已围满了人，孩子们正穿着亲手制作的精美服装，演绎经典童话片段。瞧，扮演白雪公主的小女孩穿着漂亮的公主裙，一颦一笑都透着纯真与善良；饰演小矮人的 7 个同学，虽然个子都高了些，但他们表演得十分投入，一举一动都充满了童趣。孩子们把一个个经典童话故事活灵活现地展现在大家眼前，周围的观众不时爆发出阵阵掌声和欢笑声，我也被他们的精彩表演深深吸引，看得津津有味。

　　而在"讲的童话"展区，小虎正站在一个小舞台上绘声绘色地讲述着《小鲤鱼跳龙门》的故事。他声音清脆响亮，表情丰富极了，模仿着小鲤鱼，一会儿表现出着急的样子，一会儿又摆出勇敢向前的姿态。周围的听众们聚精会神地听着，眼睛都不眨一下。故事讲完，大家还沉浸在小鲤鱼的冒险之旅中，过了一会儿才回过神，热烈地鼓起了掌。我走到小虎身边，称赞道："小虎，你讲得太精彩了！不仅把故事里的情节都生动地讲演出来了，还让大家真切感受到了小鲤鱼的勇气。你就是咱们学校的'故事大王'！"小虎脸涨得通红，嘴巴咧得大大的，开心得不得了。

　　这场"童话漫游"活动，就像一把神奇的钥匙，打开了孩子们通往童话世界的大门，让他们尽情地在童话的海洋里遨游。他们用画笔描绘梦想，用表演传递快乐，用讲述展现热爱，并在这个过程中收获知识、快乐和成长。看着孩子们脸上洋溢着的纯真笑容，我由衷地觉得，这样充满童趣与创意的活动，是校园生活中不可或缺的内容。

94. 蜘蛛是坏蛋

金近小学有一处景观，叫"世界童话园"，那是备受金近学子们青睐的一块草坪。

为了打造学校的童话特色，我们从虞南的山里运来了大石块，请美术老师和绘画社的孩子根据石块造型进行创作，在上面画出了诸如《夏洛的网》《白雪公主》《爱丽丝漫游奇境》等经典童话故事中的场景。为了让场景更逼真，我还从网上买了一些装饰物，放置在合适的位置。白雪公主的草地上放置了大镜子、诱人的红苹果；夏洛的网的草地上方撑开了一张大大的网，网中央挂着一只毛茸茸的大蜘蛛……

这学期开学第二天，我刚走到金近广场，一个戴红领巾的小男生像风一样向我跑过来，指着世界童话园的方向，气喘吁吁地说："校……校长，不好了。一年级……一年级的同学在打……在打蜘蛛！"

我疾步来到世界童话园。那里确实围着一大群孩子，没错，都是一年级的，因为他们的脖子上都没戴红领巾。他们对我的到来没有一丝反应，照样该叫的叫，该打的打。只见三个男孩正举着扫把，对着我布置的夏洛的网中的那只大蜘蛛拼命地拍打。结实的尼龙网上的绳子大半已经被打断了，那只大蜘蛛也摇摇欲坠。

"停，给我停！"我大声喊道。

"校长来了！校长来了！"刚才来报告的小男生大声提醒着。

"给我停下！"我生气地冲进草坪，夺下了三个小不点手里的扫把，"这张网，这蜘蛛，怎么惹你们了？"

三个男孩被我吓着了，耷拉着脑袋，一言不发。

"你打得最凶了！"我指着一个胖乎乎的小男孩，厉声说，"你说，为什么要打它？"

"蜘蛛是坏蛋！"

我心里咯噔一下，问："《夏洛的网》这个故事，你们知道吗？"

三个孩子把头摇得像拨浪鼓，然后呆呆地看着我，像受惊的小鸟一样一动也不动。

这时候，上课铃声响起。孩子们风一般奔向教室。

望着孩子们远去的背影，我心里涌上一种说不出的情绪。我们煞费苦心打造的校园景观，究竟是光鲜的摆设还是具有实效的文化载体？如果孩子们知道《夏洛的网》这个感人的故事，还会认为蜘蛛是坏蛋吗？其实孩子们没错，错在我——作为一校之长，我没有及时打通校园景观和孩子们对故事认知之间的"最后一公里"。恰恰就是这"一公里"，让校园景观在孩子们眼中形同虚设，甚至带给他们不好的感受，就比如网上的那只蜘蛛。

校园景观，必须打通景与观的壁垒，拉近物与人的距离！

95. "面子"和"里子"

外出培训了半个月，一大早我便来到学校。

一进校门，保安潘师傅迎面走来："邵校长，你培训结束了？"

"是的，昨天结束的。"我又问潘师傅，"我外出这段时间，学校里一切都好吧？"

还没等潘师傅回答，一阵刺耳的声音就从学校主教学楼后面传了过来。

潘师傅见我一脸疑惑，忙向我解释："邵校长，学校地下生活水管好像在漏水，前两天，总务处李老师发现水费无故多了一千多元，今天找了何师傅来修，这会儿他正在用电钻凿地寻找漏水点。"

"啊，地下水管又破了？凿地，岂不是要破坏刚刚铺好的彩色地面？"我立马紧张起来，朝发出声音的方向小跑过去。

学校这块彩色地面，是我多次向上级单位申请，好不容易才争取下来的一个改造项目，总投资八十余万元，去年暑期刚刚竣工。改造前，我叮嘱项目施工方做好地下弱电、水管等隐蔽工程的检修。同时，为了提升地面防水防滑安全系数，我们决定采用透水混凝土材料。为了更好地凸显学校"童话育人"的理念，我们别出心裁地将整个校园的地面喷绘成一片蓝色的海洋，深蓝、浅蓝的波浪图案，配上学校淡黄色、粉红色的建筑，格外亮眼。走进学校，仿佛走进了一个绚丽多彩的童话世界。前来我校参观的老师都夸我们的彩色地面与学校的"童话育人"理念非常贴合。这次在"浙派名师名校长工程"小学名校长培训活动上，我们的导师——杭州师范大学原校长林正范，当着全体学员的面说："上虞金近小学的环境文化做得特别到位，走进他们校园，站在海洋般的地面上，不需要人介绍，我们就能够感受到这个学校所推行的童话教育。从建筑到地面，从绿化到布置，哪怕几个不起眼的垃圾箱，都在告诉我们：这是一所非常儿童化的学校。"林校长的话让我很感动，也更加坚定了自己的所思所想。

我跑到教学楼后面定睛一看，心里顿感凉凉的：原来湛蓝色的地面被挖得千疮百孔，碎石和泥块，这儿一堆，那儿一堆，杂乱无章地堆放在原本平整的地面上。那惨不忍睹的样子，就如一个年轻貌美的姑娘意外破了相。

我大声叫停了正在钻地的何师傅。他回过头来，见是我，关停了手中的机械。

"邵校长，你回来啦。"何师傅边擦汗边说。

"这地面怎么可以这样凿呢？"我问道。

"邵校长，实在没有办法，前两天李老师打电话给我，说食堂水表在假期里还在快速走动。想到这几天连续都是高温天气，可能导致水管爆裂了，他自己也查看了好几回，但就是找不到漏水点，我只能顺着这根水管凿地寻找。"

"就是说漏水点还没有找到？那这样顺藤摸瓜地排查下去，整个彩色地面都要毁了。"我的态度有点不友好。

"邵校长，我知道你痛心，这地面就是恢复了也估计没之前的好看了。漏水的大致位置我心里有数了，我还要继续做吗？"

何师傅的问题，我一下子回答不上来。是啊，还要排查吗？我在"面子"与"里子"两个选择之间摇摆。如果我选择"面子"，肯定立马叫停施工；可是如果从"里子"的角度考虑，不找到漏水点，修好水管，这样漏下去，学校每天要无端损失上百元的水费，作为校长，我岂能不管？

"邵校长，还修吗？"何师傅见我若有所思，追问道。

"修，你凿的范围尽量小点。最好想想其他办法，准确找到漏水点。"我一脸无奈。

何师傅点点头表示理解。

刺耳的电钻声又响了起来，看着漂亮的蓝色地面被电钻无情地钻开，我连撞墙的心都有了。可是有什么办法呢？我深刻地意识到：最前卫、最华丽的学校外观设计，如果没有诸如水管、线管这些最基础的隐蔽工程作为保障，最终的品质也无法全面得到保障。

建筑如此，育人何尝不是这样呢？如果我们一味追求外部的光鲜，而没有实实在在地去关注孩子们的品行、习惯等基础性的培养，很难培养出既具"面子"又具"里子"的新时代好少年。

96. 古诗路

八月下旬，气温依然居高不下，学校暑期改造工程已进入紧锣密鼓的收尾阶段。工人们忙着给校园主干道铺上大理石板，并在上面雕刻古诗。这些镶嵌在地面的大理石像一件件精美的艺术品，铺就了一条充满文化气息的古诗路。石板上有许多熟悉的名字，如杜甫、白居易、王之涣……上面刻着的每一首诗都有着深远的意义，每一句都是一段历史的见证。

负责工程管理的朱校长眼看古诗路即将顺利完工，兴高采烈地欣赏着石板上一首首闪烁着光芒的好诗。正陶醉其中的时候，他突然发现一首李白的诗中出现了一个错别字，而且这个错别字非常显眼，仿佛在大理石上大喊："我是错别字！"朱校长的心情顷刻间变得沮丧，这个错别字是一个巨大的瑕疵，让整条古诗路大打折扣。他知道这个错别字是不能容忍的，但苦恼的是更换非常困难，毕竟这些大理石的雕刻已经完成了大半，一旦改动，势必影响整体的美观。如此精致的工程，竟然出了这样一处纰漏，真让人心生遗憾。怎么办呢？他苦思冥想，寻找解决办法。灵光一闪，他想到了一个妙招：将错就错！设计一个"寻字游戏"，让孩子们找出古诗中的错别字。朱校长将这个想法告诉了我，我们当即就这个"寻字游戏"如何开展进行讨论，并决定在新学期一开学就实施。

在乎每一朵花

暑期改造工程如期完成，新学期正式开学了。在朱校长的倡导下，学校掀起了一股"读古诗，找错字"的热潮。孩子们兴致勃勃地来到这些大理石板前，仔细阅读每一首古诗。他们神情专注，手指轻轻划过诗句，寻找着每一个可能存在的错别字，那模样酷似侦探，势必要把隐藏在诗句中的错别字找出来。新学期的第一周，孩子们对古诗的兴趣完全被激发出来了，他们聚精会神地投入"寻字游戏"中，有时兴奋地指着一处疑似错字讨论，有时又小心翼翼地推敲字句的含义。

　　语文老师们更是用心良苦，在图书馆和班级图书角摆放了许多与古诗文有关的读物，还为每个班安排好了参与各种古诗文相关活动的时间。

　　孩子们诵读着大诗人的佳作，脑海中浮现出一幅幅诗意的景象，他们仿佛看到了李白笔下的壮丽山河、陶渊明描绘的山水田园和王昌龄诗中的壮阔边塞……当然，他们也找到了古诗路上的那个错误。孩子们兴致勃勃地交流、分享着彼此的发现，他们从活动中汲取知识，同时也锻炼了自己的观察力。这个活动引起了广泛关注，许多家长也参与进来，陪孩子们一起寻找错别字，与他们一同查找资料、订正错字。孩子们感受到了家长的陪伴和鼓励，学习的劲头更足了。

　　古诗路依然在校园延伸，而那个错别字所在的地方也留下了深深的学习的痕迹。它成了一个别具意义的标记，提醒所有人在追求完美的同时，也要允许瑕疵的存在。或许，瑕疵就是找到特别意义的钥匙。

97. 零距离沟通

近来，我常问孩子们这样一个问题："什么能使你们快乐？"

"被理解会让我快乐。"

这是我听到的第一个回答，我的心头为之一颤。是啊，朝夕相处的人不一定相互理解，看似熟悉的人也不一定彼此了解。而且我发现自己当久了老师，竟有了高高在上并随意对学生发号施令的坏习惯，学生也习惯了服从。这样下去，师生之间将会变成"最熟悉的陌生人"，相处过程中，还有什么快乐可言呢？于是，我决定尊重孩子们的童言童语，尝试更多地去理解他们，创建民主、平等的新型师生关系。

"同学们，这次班会的主题是'零距离沟通'。我想先请同学们给我定几条规则，让我们能真正做到零距离沟通。"听我这么说，孩子们显然有些惊讶，个个一副疑惑的表情，有的还窃窃私语："我不会听错了吧？""小心有诈！"

"我说的可都是真的！"我铿锵有力地说道。孩子们见我一脸认真，便欣然答应。接下来，他们分小组讨论起了细则。"我认为，老师要'蹲下身'来和我们学生谈话，多听学生讲。""学会问我们'好不好'，多采纳学生的好建议。""常和学生一起玩。"……很快，我与孩子们零距离沟通的细则就新鲜出炉了。我开始按照细则同他们进行沟通，也真正感受到了与学生打成一片的快乐。

我的这个做法还启发了班干部，还没过一周，他们就公布了班干部和其他同学零距离沟通的细则，并在班级设立了"羊博士咨询屋""叽叽喳喳聊天吧"，用于同学之间交流。

　　与孩子们零距离沟通，理解他们的烦恼是至关重要的一点。现实生活中，哪个孩子会没有烦恼？烦至深处时还会将"最近比较烦"这样的歌词挂在嘴边。问他们烦些什么，答案还真多：烦学习有压力，烦父母不满意，烦同学之间闹矛盾……

　　快乐有时就是那么难，一时的快乐也不能真正熄灭心中积压已久的烦恼之火。有什么办法能让孩子们的烦恼在第一时间得到关注和解决呢？这就有了班级的心情晴雨表——"星情园"。40个学生，每人用一颗小星代表他们本周的心情，贴在班级的"星情园"。小星上有表情，笑脸代表快乐，哭脸代表不快乐，不哭不笑脸就说明不是很快乐，也没有不快乐。而每周五午间开设的"星情交融一刻"，就是孩子们分享自己的快乐，帮助他人排解烦恼的黄金时刻。大家互诉衷肠，互相倾听，有时还真让我感慨。

　　在一次交流中，小孔同学对我说，她觉得自己没有以前快乐了，因为以前她坐在第一排，总是能接到替老师发本子的任务，可自从她被换到了后几排，就很少再接到这样的任务了。这着实让我吃了一惊，原来替老师发本子也是学生的一大快乐。在我们看来不经意的小事却成了孩子们的烦恼。既然知道了，以后我当然得注意一点，满足她的这一小小期待。一周后，她的笑脸又回到了"星情园"里。

　　还有一次，王阳同学告诉大家，他不喜欢同学们总是叫他的绰号。原来自从我们学了寓言《亡羊补牢》后，大家就喜欢半开玩笑地在他的名字后加上"补牢"二字。王阳郑重提出这个令他不开心的原因，那些喜欢和他开玩笑的同学都有些不好意思了，表示以后再也不会这样称呼他，希望他能快乐起来。

与学生有效沟通，是一门学问，也是每一个教书育人者必须钻研的艺术。师生之间相互尊重，真诚沟通，才能构建起健康、和谐的关系，才能教学相长，其乐融融。让我们一起做有心、有情、有义的老师。

98. 童话班级"微创新"

　　班级是什么？最近我一直在思考这个问题。有人说班级就是老师教书、学生上课的地方，也有人说班级是共同的家、希望的田野，我倒觉得班级是一本好玩的书，班级形象就是封面，每个学生都是这本书中独一无二的章节。那我们该如何立足童心，以儿童的眼光构筑班级文化，并让其发挥其强大的育人功能呢？

　　苏霍姆林斯基曾在《我把心给了孩子们》中写道：借助于童话，孩子不仅用智力，而且也用心灵认识世界。基于这样的认知，学校的每一个班主任都早早给自己拟定了新学期"微创新"计划。计划紧扣孩子们的年龄特征和心理特点，精心设计富有童趣的班级活动，呵护童心、守护童真、滋润孩子们的童年生活，为他们的健康成长奠定良好的基础。开学一个月后，"微创新"分享会如约而至。

　　首先是六年级组的黄老师，他分享的是"奇思妙想取队名"活动。他指出，队名象征着集体的共同目标，孩子们经过一番讨论后，将金点子一一展示在黑板上："6+1魔力中队""东方No.1中队""啄木鸟中队""小蜗牛中队"……"小蜗牛中队"这个名字一提出来，立马有同学反对："叫'小蜗牛'，那咱们中队岂不变成落在最后面的中队了吗？"可这个队名的含义一公布，持反对意见的同学就打消了疑虑，一致同意选"小蜗牛"当中队名。大家一致认为，这个名字代表团结向上、自强不息、勇于拼搏又善于合作的中队精神。

五年级组的李老师先向我们展示了经典童话作品中一个个鲜活、为孩子们所喜爱的童话人物形象，如奋勇向前的小鲤鱼、善良的白雪公主、自强不息的丑小鸭，接着分享了学期初师生共建的"童话王国"：学生自主选择自己喜爱的童话角色，并以此为身份加入"童话王国"，还选举出"国王"和"大臣"。"童话王国"的每个居民都有一张"身份证"，上面写着姓名、年龄、爱好、优点等信息。居民们再分组，各小组的组长由小组成员轮流担任。全体同学一同制定了"童话王国"合格公民的认证标准，公民考核合格后，会被授予"荣誉公民"称号，并获得荣誉证书。在"童话王国"里，孩子们与勇敢的狮子王做伙伴，和善良的白雪公主交朋友……善良、勇敢、坚强等品质浸润他们的心灵。

"每周五成了孩子们最向往的日子。"四年级的倪老师兴奋地说道。在班队课上，孩子们试着将优秀童话，如金近先生的《蝴蝶有一面小镜子》和《狐狸送葡萄》，以及安徒生的《丑小鸭》，等等，演绎成了童话剧。同时，倪老师针对个别同学平时爱讲谎话、作业马虎等现象，开展了"吹牛大王碰壁记""小马虎漫游细心国"等一系列童话教育活动。当孩子们全身心进入童话世界时，他们会一心一意地陪着童话主人公去历险寻宝，遨游各个神奇的国度。真伪的辨认、善恶的区分、美丑的鉴别等诸多德育内容都蕴含在游戏中，孩子们边玩边学习。

为了让童话教育渗透到学生生活中的每一处，有的班级还将童话教育活动与少先队传统的参观、考察、社会服务、公益劳动等活动相结合，于是"小白鸽宣传队""黑猫警长纠察队"等应运而生。学生们走街串巷争做好事，争当文明人。这样的活动既开阔了学生的视野，也培养了他们的服务意识，独特的班级文化，也得以渐渐形成。

童话教育是美的教育、爱的教育，其最大特点是寓教育于故事之中。孩子们通过听故事、讲故事、演故事等多种形式，无形之中学会什么叫集体主义、什么叫团结友爱、什么叫乐于助人……这中间没有说教味，没有刻意的教育痕迹，能让学生愉悦地接受。走进童话世界，感悟真善美，孩子们的人文精神得到了很好的培养。家庭中，原本自私霸道的"小皇帝""小公主"不见了；班级里，"小雷锋""小能手"日渐增多……童话，有力地推动了班级建设，丰富了班级文化，孩子们在缤纷的童话世界里编织梦想，放飞心灵，拥有了真正属于自己的快乐天堂。

99. 小木屋

这两天，校园里很热闹。运动场草坪的一角，六年级的孩子们正一脸严肃地绕着一间小木屋四处转悠。孩子们有的拿着长木尺丈量着木屋的大小，有的蹲下身子仔细地观察着木条，还有的拿着绘画本设计着心中的小木屋……这是孩子们自发开展的"我心中的小木屋"活动现场。

这事还得从上周三的大课间说起。各班自主锻炼时，我绕着操场依次了解各班孩子的活动情况。当我路过小木屋的时候，一个六年级的女孩跑到我面前问好："邵校长，您好！"

"你好！你们班选择的锻炼场是小木屋吧？"我亲切地问道。

"嗯，我们班每天都在这儿，大家可喜欢小木屋了。"女孩甜甜地回答道。

"可小木屋好像要——倒——了——"女孩越说越轻，说到最后三个字时，还故意把音拖得很长。

我一听说小木屋要倒了，立马紧张起来，让女孩领着我去看看具体情况。她把我带到小木屋台阶前，指着台阶的承重木头说："邵校长，我很早就发现这根大木头有裂缝了，它原来是笔直的，现在已经歪了。"我又跟着她走上台阶，发现地上躺着一根长长的木条，木条上还裸露着几枚钉子，抬头才发现这根木条是从屋顶掉下来的。小小的木屋，却存在着大大的安全隐患，我不禁为自己的疏忽而自责。想着想

在乎每一朵花

着，我的心情越来越沉重，好像有一块大石头压在心上……

班主任和其他孩子察觉到了我们的担忧，纷纷围了上来。于是我想，要不就在这儿来一次"围屋话安全"。我在小木屋外面坐下，孩子们也会意地围坐在草坪上，我先跟大家讲了女孩的发现，夸她"小眼睛能找大隐患"；随后，我让大家一起就木屋的安全问题展开讨论。

"我也发现一个很可怕的现象，小木屋的柱脚很高，天热的时候，低年级的小伙伴都喜欢钻到下面去玩。"

"我建议加固小木屋的柱脚，四周再用绿色的网围起来。"

"小木屋的部分柱脚已经断裂，可以把所有的柱脚都锯短，把小木屋放低一点，防止人钻进去。"

"小木屋有高脚，才有童话的味道，要是高脚没有了，感觉也没了。"

…………

孩子们讨论不停，直到我起身做了一个暂停的手势，大家才安静下来。

"同学们，你们真棒，看来你们个个都是校园的小主人。如果出于安全考虑，把小木屋放低，会让它失去原有的感觉，那我们还有什么办法找回或者增添美好呢？"

"我想给小木屋取一个好听的名字，增强它的实用性，比如'锻炼妙招屋'，每天都更新一个小妙招。"

"我们画画小队可以在外墙上绘上伙伴们喜欢的花草图案、卡通图案，使木屋与校园显得更和谐。"

"我们可以在科学老师的帮助下，给小木屋增加一些科技元素，比如在木屋顶部安装太阳能板。夏天木屋里可能会比较闷，可以在这里放个电风扇。"

··········

　　大课间结束后，我叫来了校外技术人员，现场排查小木屋的安全问题。经过详细勘察，我们最终还是决定将小木屋的柱脚锯断，放低整体高度。在小木屋放低的那一刻，我心中的那块石头也随之落地。我突然意识到：学校的很多细节可能都被我们忽略了，而那些被忽略的细节，很有可能留下大隐患。但我也更加坚信：修缮后的小木屋，承载着孩子们缤纷的梦想，依旧会是一个美好的地方。

100. 蔷薇花开

今天是星期六，我驱车来到学校，发现校门口竟热闹非凡。原来是学校围墙外的蔷薇花开得正艳，吸引了不少游客前来一睹芳容。他们或是在花丛间拍摄美美的照片；或是在一旁品尝着香醇的茶，感受着一份恬静的惬意。

我也下车漫步欣赏起来。一群青年男女站在花丛前，其中一个女孩拿出手机，咔嚓一声，独特的姿势配上蔷薇花墙，让照片中的他们显得更加活力四射。另一个男孩对着同伴小声说道："我们也来一张吧！"于是，他们仔细选好背景之后，拿出自拍杆，摆好姿势，拍出了一张特别美的照片。

周围还有一些家长带着孩子前来观赏这美丽的花墙。其中一个小男孩看着这些美丽的花朵感叹道："妈妈，这里真漂亮，我想摘一朵花拍照片。"

他的妈妈没有犹豫，说："不能随便摘呢，这会让小花'光荣牺牲'的。"

听了这位妈妈的话，我心里甜滋滋的，再看小男孩的表情，显然有点失落，但他始终没有伸手去摘花，而是选择了静静地欣赏。妈妈拍拍男孩的肩，竖起大拇指，小男孩会心一笑，我用手机记录了这美好的瞬间。

一个小姑娘认真打量这些花，欣赏着每朵蔷薇花的独特魅力：有的红中带紫，像彩霞般美丽；有的则是淡粉色的，像婴儿皮肤般娇嫩。小姑娘不禁吟唱起了童谣："蔷薇花开，芳香婆娑，叮咚乐声，鸟语花香……"

　　远远地，还有一些家长义工正在维护花墙的整洁，他们认真地浇灌，拂拭掉落的花瓣，细心照顾着这些美丽的小生灵。

　　加班的周末，因为有了他们，忽然变得幸福与美好。

　　有一天放学时，护花队的孩子们发现有一株蔷薇被折了。他们很生气，决心要展开调查。

　　孩子们开始寻找线索。他们问了来接孩子的家长，问了保安叔叔，还问了学校附近的村民，最终在年过七旬的桑田奶奶那里找到了线索。走进桑田奶奶家，孩子们一眼就看到了插在玻璃瓶中的蔷薇。桑田奶奶得知了孩子们的来意，面露难色地告诉他们，她的小孙女喜欢上了学校的蔷薇花，所以她就顺手折了一枝送给小孙女玩。孩子们听后，并没有责怪桑田奶奶，而是解释了花儿的重要性，还和她分享了护花的故事。桑田奶奶很受感动，当场对孩子们说："给奶奶一次机会，明天起我也加入你们的护花队。"孩子们听后也很高兴，表示非常欢迎桑田奶奶的到来。

　　从那以后，桑田奶奶的身影总会出现在学校围墙边，她认真地学习如何保护花儿，友善地引导大家文明观赏。花儿们在桑田奶奶的呵护下开得更加灿烂了，成了每个孩子的心头之喜，这件事也成了邻里间相传的一段佳话。

　　美丽的花儿需要呵护，美丽的故事需要传递……